人人伽利略系列15

圖解
悖論大百科

鍛練邏輯思考的 50 則悖論

人 人 出 版

人人伽利略系列 15

圖解
悖論大百科
鍛練邏輯思考的50則悖論

監修 高橋昌一郎

合理性的悖論

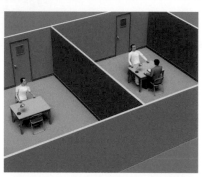

模糊性的悖論

自我指涉性的悖論

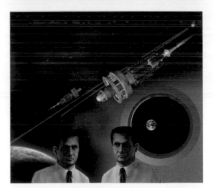

合理性的悖論

監修　高橋昌一郎

人在做選擇時，會以邏輯思考來判斷哪一個選項比較有利，但也會碰到不管選哪一個都合乎邏輯的情形。我們在第1章將探討這類悖論，以及關於民主投票的悖論、社會與經濟的悖論，還有涉及道德倫理正確性的悖論。

要保持緘默，還是俯首認罪？

　　警察逮捕了兩名搶劫銀行的嫌犯。警方雖然確定這兩名嫌犯非法持有槍械，但是並沒有掌握到他們犯下搶案的證據。為了將這兩人以搶劫銀行的罪名起訴，只能設法讓他們認罪，但他們始終不露一絲口風。

　　因此，檢察官把兩人隔開分別偵訊。

　　「如果你們什麼都不說的話，或許會因為證據不夠充分，搶劫銀行的罪名無法成立，但因非法持有槍械而被判處 1 年徒刑。如果招認犯下搶劫，那麼你倆都會被判處 5 年徒刑。這樣吧，我有個提議，如果你的同夥保持緘默，只有你招認兩人結夥搶了銀行，那麼你就會獲釋，而你的同夥則會被判處10年徒刑。」

　　檢察官也把同樣的建議告訴另一名嫌犯。在這種狀況下，兩個嫌犯的上上策就是打死不招，最後被判處 1 年的刑期。但是，萬一同夥招認了，那麼他就會獲釋，而自己要被關10年。如果兩人都怕同夥背叛而選擇認罪，那麼這對嫌犯就都會被判處 5 年徒刑。在這種狀況下，嫌犯應該保持緘默，還是俯首認罪呢？

　　這個讓嫌犯陷入兩難的情境稱為「囚犯困境」（prisoner's dilemma），是由美國數學家塔克（Albert W. Tuchen，1905～1995）於1950年提出的知名悖論。

　　從囚犯的處境來看，無論選擇「緘默」或「認罪」，都可以提出符合邏輯的理由，因此無法判斷選擇哪一個是最合理的。到今天，究竟「緘默」和「認罪」哪一個比較好，研究人員仍然沒有達成共識。

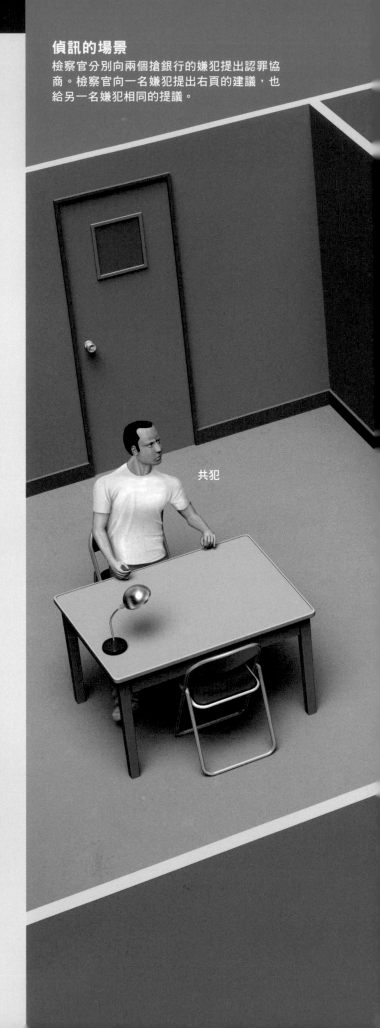

偵訊的場景
檢察官分別向兩個搶銀行的嫌犯提出認罪協商。檢察官向一名嫌犯提出右頁的建議，也給另一名嫌犯相同的提議。

共犯

檢察官提議的協商內容

兩人都繼續保持緘默的話，各判 1 年徒刑。兩人都認罪的話，都要坐 5 年的牢。但若同夥繼續保持緘默，只有你認罪的話，那麼就只有你會被釋放，而同夥的刑期是10年，反之亦然。

檢察官

「緘默」和「認罪」的組合與嫌犯的刑期

		緘默	認罪
嫌犯	緘默	1 年	10 年
	認罪	釋放	5 年

「合作」還是「拆夥」，哪個比較好？

前面介紹的囚犯困境，除了單純的損益評估，還牽涉到道德觀。因此，我們接著來看看跟這個情境相似的遊戲吧！規則如下。

這是個一對一談判，彼此要決定「合作」或「拆夥」的遊戲。隨著結果的不同，可以從莊家那裡獲得不同金額的獎金。玩家的手中各拿2張牌，一張是「合作」，一張是「拆夥」。你必須決定要和對方合作或是拆夥。同樣地，對方也必須決定要和你合作或是拆夥。當然，玩家不能交談。莊家發出信號時，玩家各出一張「合作」或「拆夥」的牌，放在桌子上。

此時，莊家按玩家出的牌，把獎金給玩家。紙牌的組合和獎金的關係如下：

① 如果雙方都出「合作」的牌，莊家給雙方各3萬元的獎金。

② 如果雙方都出「拆夥」的牌，莊家給雙方各1萬元的獎金。

③ 如果一個人出「合作」的牌，另一個人出「拆夥」的牌，則莊家給出「拆夥」的人5萬元的獎金，而出「合作」的人一塊錢都拿不到。

照這個規則開始玩牌，玩家都會希望能贏到最多的錢。那麼，要怎麼做最好呢？

要「合作」？還是要「拆夥」？你會出哪一張牌呢？我們在下一頁好好想一想吧！

「合作」和「拆夥」的談判遊戲

你

牌的組合與你可以贏得的錢

		對方	
		合作	拆夥
你	合作	3 萬元	0 元
	拆夥	5 萬元	1 萬元

對方

拆夥

合作

不論選擇哪一個，都可以是「上策」!?

這個遊戲的最高獎金是5萬元。而只有在對方出「合作」，你出「拆夥」時，才能拿到這麼多錢。也就是說，如果你不出「拆夥」的話，就得不到5萬元。所以，你應該出「拆夥」比較好。

也有一些人是這樣思考。對方可能會出「合作」，也可能出「拆夥」。如果他出「合作」的話，那麼你出「合作」可以得到3萬元；但你出「拆夥」則可以得到5萬元。所以，拿出能夠獲得更高獎金的「拆夥」才是好的策略。反之，如果他出「拆夥」，而你出「合作」，那麼你連一塊錢也得不到，但你出「拆夥」，則仍

然可以得到1萬元。所以，你出「拆夥」也沒有錯。

不過，你也可以這樣想。如果出「拆夥」是比較好的策略，那麼對方也會有相同的想法，所以他會出「拆夥」吧！這麼一來，結果兩個人都只能得到1萬元。

但是，如果你和對方都出「合作」的話，兩個人都可以得到3萬元。問題的關鍵在於，要怎麼做，才能得到更多的獎金。在這個前提下，如果兩個人都出「合作」，每個人都可以得到3萬元，而兩個人都出「拆夥」，每個人都只能得到1萬元，所以應該出「合作」才是

若對方出「合作」，你能得到最高額的5萬元。

對方

你

回答A：應該出「拆夥」

若要得到這個遊戲的最高額獎金5萬元，你就只能出「拆夥」。此外，如果對方出「合作」，你出「合作」只能得到3萬元，出「拆夥」則可以得到5萬元。反之，如果對方出「拆夥」，你出「合作」則一無所獲，但出「拆夥」可以得到1萬元。所以，你要出「拆夥」方為上策。

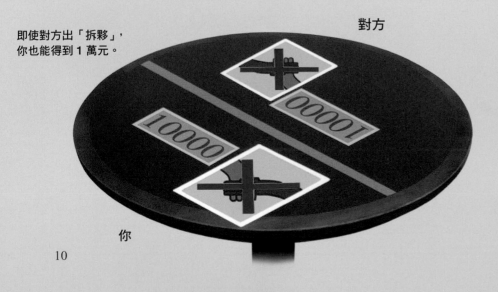

即使對方出「拆夥」，你也能得到1萬元。

對方

你

上策吧？

此外，兩個人都出「合作」的話，你和對方得到的總金額是 6 萬元。在這個狀況下，莊家付出的錢最多。也就是說，整體而言，玩家都出「合作」可以得到最大的利益。依照這樣的想法，對方應該會出「合作」，而自己也應該出「合作」才對。

「合作」和「拆夥」都是合理的策略。在實際的人類社會中，也會發生類似的狀況，例如，具有競爭關係的商店之間的削價競爭、國家之間的軍備競賽等。

多局遊戲的策略

那麼，如果這種合作和拆夥的遊戲不只玩 1 次，而是不斷進行，結果會如何呢？例如，假設玩個200次，會讓你在最後得到最多獎金的策略是什麼？

1984年，美國舉辦了一場在電腦之間進行這個反覆合作和拆夥遊戲的競賽。經濟學、政治學、心理學等各個領域的專家運用自己的策略撰寫電腦程式，看看哪一種策略所獲取的獎金最高。

結果非常出人意料。獲勝的策略非常單純，那就是，第一次出「合作」，如果對方出「拆夥」，則下一次就出「拆夥」；如果對方出「合作」，則下一次也出「合作」。

這種「以其人之道還治其人之身」的策略並不是在任何場合都是最有利的做法，但是相對於許多策略來說非常有效。 ☁

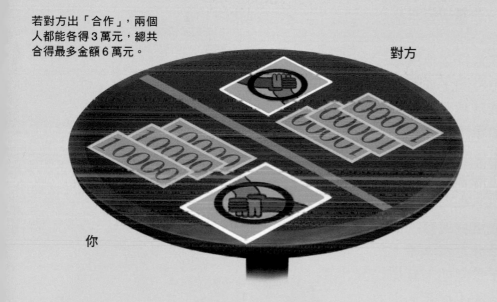

若對方出「合作」，兩個人都能各得 3 萬元，總共合得最多金額 6 萬元。

回答 B：應該出「合作」

如果出「拆夥」的想法是上策，那麼兩個人都會想出「拆夥」，結果兩個人都只能各得 1 萬元。但若兩個人都出「合作」，則兩個人都可以各得 3 萬元。兩個人都出「合作」，則兩個人得到的獎金總額為 6 萬元，這是莊家付出最多獎金的情況。這樣想的話，對方應該會出「合作」，所以你也要出「合作」才是上策。

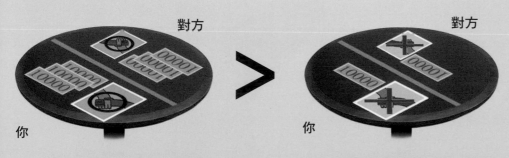

兩個人各得3萬元（合計6萬元）　　　　　兩個人各得1萬元（合計2萬元）

應該兩個盒子都打開？
應該只打開黑盒子？

假設未來發明了一種機器，只要掃描一下人腦，就能完全掌握腦部活動。這個讀腦裝置連你正在思考的事情和過往的記憶都能讀取。不僅如此，連你要採取的行動，它也能正確解讀。以下這個遊戲可以顯示這個讀腦裝置的正確性。

在你的面前擺著兩個盒子，一個是透明的盒子，可以看到裡面放著一疊共計100萬元的鈔票。另一個則是黑盒子，看不到裡面放什麼東西（狀況1）。

你必須做出選擇，是要把眼前的「兩個盒子都打開」，抑或「只打開黑盒子」，然後你可以在打開後得到盒子裡的東西。

不過，遊戲主持人會用讀腦裝置掃描你的頭部，事先預測你會把兩個盒子都打開，或只打開黑盒子。而且，主持人會根據這項預測，以決定放在黑盒子裡面的東西。如果預測你會把兩個盒子都打開，就不會在黑盒子裡放任何東西；如果預測你只打開黑盒子，則會在黑盒子裡放1億元。

在你之前，已經有許多人玩過這個遊戲。而且你親眼目睹，主持人的預測百分之百準確。參加者打開兩個盒子時，黑盒子是空的；參加者只打開黑盒子時，黑盒子裡放著1億元。主持人並沒有使用任何機關，事後才放入1億元或拿走1億元。

終於輪到你了。那麼，你會把兩個盒子都打開呢？或是只打開黑盒子呢？

這是美國物理學家紐康姆（William Newcomb，1927～1999）構思的悖論，稱為「紐康姆悖論」（Newcomb's paradox）。下一頁將探討應該如何選擇才是上策。

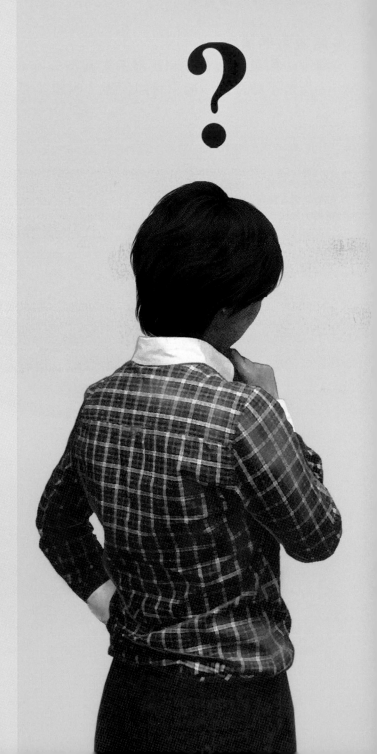

遊戲的規則與設定

由遊戲的主持人先預測，你會把兩個盒子都打開，或是只打開黑色的盒子。你必須做出選擇，是要把面前的「兩個盒子都打開」，或是「只打開黑盒子」，並於打開盒子後取得裡面的東西。

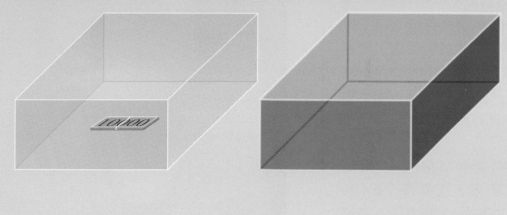

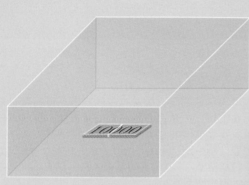
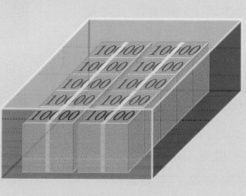

如果主持人預測你會把兩個盒子都打開，就不會放任何東西到黑盒子裡。

如果主持人預測你只打開黑盒子，就會在黑盒子裡放1億元。

狀況 1

你眼前有兩個盒子，一個是放有100萬元鈔票的透明盒子，另一個是看不到內容物的黑盒子。

放有100萬元鈔票的透明盒子

看不到內容物的黑盒子

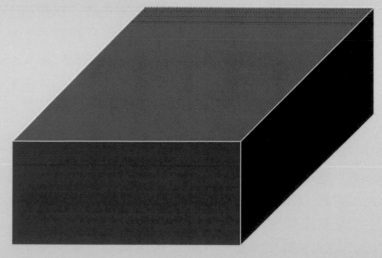

繼續辯論，哪個更好

　　你親眼目睹了這個讀腦裝置能百分之百正確地讀取腦部的活動。如果選擇把兩個盒子都打開，因為黑盒子是空的，所以你只能拿到100萬元。但是，如果選擇只打開黑盒子，應該能夠得到1億元。所以，只打開黑盒子，拿到1億元才是上上之策。

　　但另一方面，你決定打開兩個盒子時，或許也會有另一個想法。透明箱子裡確實放著100萬元，所以沒有理由眼睜睜地錯過這100萬元。即使觀察之前的參加者，的確預測都是準確的，但並不能保證接下來的預測也會正確。萬一，讀腦裝置沒有預測到你的決定是「打開兩個盒子」，而是預測你「只打開黑盒子」，那麼主持人理應會在黑盒子裡放1億元。如此一來，打開兩個盒子的話，就能得到100萬元再加上1億元，所以，打開兩個盒子才是上策。

　　還有一個想法。無論預測結果如何，主持人都已經決定了黑盒子裡面的內容物，並不會在你做出選擇之後又偷偷更換內容物。因此，黑盒子裡面是空的，或放著1億元，都是已經決定好的。如果主持人事先放入1億元，則不管你之後選擇打開兩個盒子，或只打開黑盒子，「黑盒子裡面放著1億元」這個事實應該不會改變。反之，如果主持人沒有在黑盒子裡面放任何東西，則不管你之後選擇如何打開盒子，也必定是「黑盒子裡面空無一物」。這麼一來，仍然是打開兩個盒子比較有利。

　　關於這個悖論，紐康姆本人認為應該只打開黑盒子。但是，究竟要如何選擇才是正確的決定，在研究者之間迄今沒有達成共識。

　　這個悖論也可以說是「不管自己想要做哪個選擇，如果這個選擇都會被預測到的話，是不是就沒有自由意志可言了呢？」的問題。此外，這個悖論也涉及了「自己的選擇會不會回溯，而對『盒子裡面放著1億元，或是沒有放任何東西』這個過去的事件產生了影響呢？」的奇妙問題。 ✺

自由意志並不存在!?

如果存在著全知全能的「知性」，能夠掌握這個世界的一切「事物」狀態（位置及運動的樣態等等），那麼這個世界上發生的一切事件都是已經決定好的（決定論）。在這個狀況下，即使你以為是依照自己的意志在做決定，但其實也是依循定論而做的決定。也就是說，自由意志並不存在。紐康姆悖論也可以說是關於自由意志的問題。插圖所示為法國科學家拉普拉斯（Pierre Simon Laplace，1749～1827）構思的「拉普拉斯精靈」，這個能夠看透過去、現在、未來的全知全能虛擬生物的想像圖。

你的選擇會對過去產生影響!?

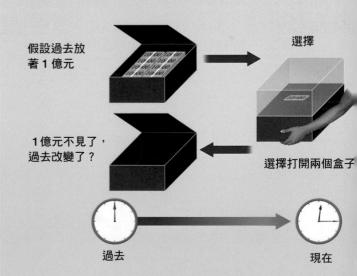

假設過去放著1億元

選擇

1億元不見了，過去改變了？

選擇打開兩個盒子

過去　　　　　　現在

回答 A：只打開黑盒子

讀取腦部的裝置百分之百正確。如果決定打開兩個盒子，則黑盒子應該是空的，所以只能得到100萬元。如果決定只打開黑盒子，則黑盒子應該放著1億元。因此，理所當然，只打開黑盒子得到1億元，方為上策。

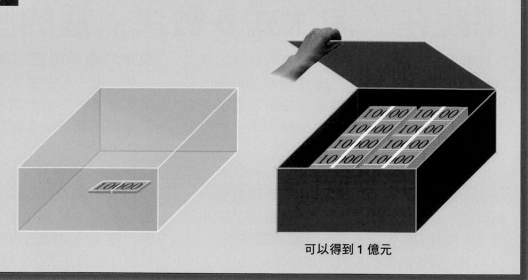

可以得到 1 億元

回答 B：打開兩個盒子

透明箱子裡確實放著100萬元，所以沒有理由眼睜睜錯失這100萬元。不過無法得知接下來的預測也會正確。萬一，讀腦裝置沒有預測到你的決定是「打開兩個盒子」，那麼主持人理應會在黑盒子裡放1億元，所以，打開兩個盒子的話，就能同時得到100萬元和1億元。因此，打開兩個盒子才是上策。

再者，無論預測結果如何，主持人都已經決定了黑盒子裡面的內容物。亦即，黑盒子裡面是空的，或放著1億元，都是已經決定好的。所以，不管你之後選擇如何打開盒子，這個事實都不會改變。這麼一來，仍然是打開兩個盒子比較有利。

如果主持人預測正確，黑盒子是空的。

如果主持人預測錯誤，可以得到 1 億 100 萬元。

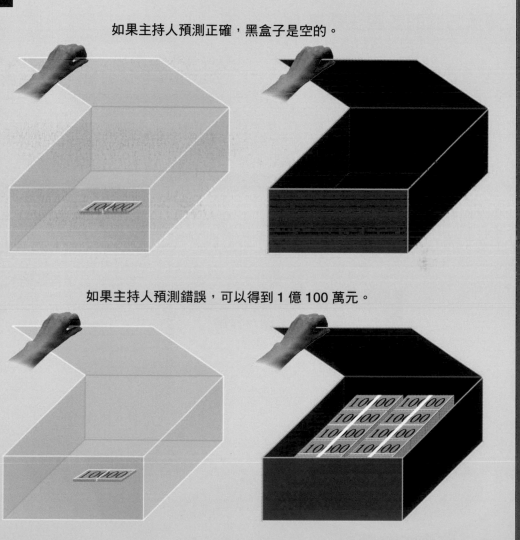

隱藏在「淘汰式多數決」裡的圈套

我們在團體中要決定某件事情的時候，常常會採取「投票」的方法。根據投票而選擇的結果，就算不符合自己的期望，由於這是以民主方式產生的結果，在大多數的情況下，你也只好接受。

以投票做為集體意思來下決定的手段，我們往往會認為這是非常淺顯明白且合理的做法。可以說，投票已經成為民主的代名詞了吧！不過，投票有時候卻會產生不合理的結果。

以下介紹幾個關於投票的悖論！

投票的順序可能會導致不同的結果

有一天，3 個朋友（A、B、C）在討論中午要吃什麼。午餐的選項有咖哩飯、涼麵和拉麵這 3 種。於是，3 個朋友決定採用「民主的」多數決方式。

首先，投票決定「咖哩飯和涼麵要吃哪一種？」，結果是涼麵 2 票、咖哩飯 1 票，涼麵勝出。接著，投票決定「獲勝的涼麵和拉麵要吃哪一種？」，結果是拉麵 2 票、涼麵 1 票，拉麵勝出（左頁下方）。依照 3 個人投票採多數決的

淘汰方式的多數決結果 ①
（第一輪為「咖哩飯對涼麵」時）

優勝者：拉麵

涼麵 vs 拉麵 → 拉麵
1 比 2

咖哩飯 vs 涼麵 → 涼麵
1 比 2

結果，午餐吃拉麵。

這樣的投票方式，有沒有問題呢？

這樣的投票乍看之下是民主的方式，其實大有問題。例如，假設 A 先生想吃的排名順序是「涼麵>咖哩飯>拉麵」，B 先生想吃的排名順序是「咖哩飯>拉麵>涼麵」，C 先生想吃的排名順序是「拉麵>涼麵>咖哩飯」。在這個狀況下，咖哩飯、拉麵、涼麵都有可能勝出。

剛才的投票，第一輪的對決是進行「咖哩飯對涼麵」，但如果把第一輪改成「咖哩飯對拉麵」呢？這麼一來，會變成咖哩飯 2 票、拉麵 1 票，咖哩飯勝出。接著進行「獲勝的咖哩飯對涼麵」，會變成涼麵 2 票、咖哩飯 1 票，最後是涼麵獲選。

再來，如果把第一輪改成「涼麵對拉麵」，會變成拉麵 2 票、涼麵 1 票，拉麵勝選。接著進行「獲勝的拉麵對咖哩飯」，會變成咖哩飯 2 票、拉麵 1 票，最後是咖哩飯獲選。

雖然成員的喜好沒有改變，但這種「淘汰方式的多數決」卻可能因為投票順序的不同而造成不一樣的結果。

想吃的料理排名順序

選項 選擇的人	咖哩飯	涼麵	拉麵
A	2	1	3
B	1	3	2
C	3	2	1

淘汰方式的多數決結果 ②
（第一輪為「咖哩飯對拉麵」時）

淘汰方式的多數決結果 ③
（第一輪為「涼麵對拉麵」時）

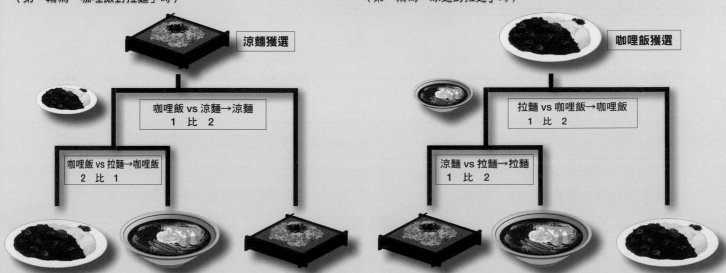

（左）涼麵獲選
咖哩飯 vs 涼麵→涼麵
1 比 2
咖哩飯 vs 拉麵→咖哩飯
2 比 1

（右）咖哩飯獲選
拉麵 vs 咖哩飯→咖哩飯
1 比 2
涼麵 vs 拉麵→拉麵
1 比 2

採取多數決很有可能會選出「最差」的結

前一頁介紹了不同的投票順序有可能選出不同的勝選者。不過,採取多數決未必能選出集體判斷為「最佳的」結果,反而有可能選出「最差的」結果。這種情況真的會發生嗎?如果發生的話,那可是會動搖民主的根基啊!

假設有 7 個室友(A、B、C、D、E、F、G)在討論午餐要吃什麼。午餐的選項有咖哩飯、涼麵、拉麵這三種。因此,這 7 個室友各自對「最想吃的料理」採取多數決(這種從多個選項當中只選擇一個的投票方式就稱為「一票制」)。

於是,涼麵 3 票、咖哩飯 2 票、拉麵 2 票,獲得最多支持的料理是涼麵。因此,這 7 個室友決定去吃涼麵。乍聽之下似乎沒有什麼問題,但仔細追查,竟發現不一樣的結果。

把這 7 個室友想吃的料理,依照從 A 先生到 G 先生的順序,製作成左頁下方的表格。由這個表格可以明白看出,如果進行剛才那樣的多數決,則涼麵會得到 3 票而獲勝。

那麼,如果採多數決,選出「最不想吃的料理」呢?觀察這個表格可知,剛才被選為「最想吃的料理」的涼麵,在這裡也會得到 4 票而

想吃的料理排名順序

選項 選擇的人	涼麵	咖哩飯	拉麵
A	1	2	3
B	1	2	3
C	1	3	2
D	3	1	2
E	3	1	2
F	3	2	1
G	3	2	1

「最想吃的料理」的多數派是「涼麵」
如果詢問最想吃的料理是什麼(所謂的一般多數決),那麼獲得最多支持的料理是得到 3 票的「涼麵」。

勝出

「最不想吃的料理」的多數派也是「涼麵」
這次詢問最不想吃的料理是什麼,票數最多的料理是得到 4 票的「涼麵」。

勝出

果!?

獲選。

接下來，把三種料理兩兩配對成一份菜單，以1對1的方式，選出各份菜單中比較想吃哪一樣，又會得到什麼樣的結果呢？這種方式稱為「循環決選方式」。

在「涼麵對咖哩飯」的菜單中，咖哩飯以4票對3票勝出。採用同樣的方法，「咖哩飯對拉麵」也是咖哩飯勝選；「拉麵對涼麵」則是拉麵勝選。

也就是說，比起拉麵和涼麵，這些人更想吃咖哩飯。另一方面，不論和哪一種料理相比，涼麵都被認為是「最不想吃」的料理。

由此可知，有時候會發生「最好」和「最差」的投票結果相同，或是沒有選出在兩兩比較時評價最高的料理，卻選出了評價最低的料理。像這樣，雖然是依據各投票者的理性判斷所做的投票，卻產生了不合理的投票結果。

最先闡明投票具有這種性質的人是18世紀的法國數學家兼政治學家孔多塞侯爵（Marquis de Condorcet，1743～1794）。而在剛才所進行的循環決選方式中勝出的料理稱為「孔多塞贏家」（Condorcet winner）。

如果採取「二選一」的方式來選擇……

	涼麵		咖哩飯
A	①	>	2
B	①	>	2
C	①	>	3
D	3	<	①
E	3	<	①
F	3	<	②
G	3	<	②

涼麵 vs 咖哩飯→咖哩飯

勝出

	咖哩飯		拉麵
A	②	>	3
B	②	>	3
C	3	<	②
D	①	>	2
E	①	>	2
F	2	<	①
G	2	<	①

咖哩飯 vs 拉麵→咖哩飯

勝出

	拉麵		涼麵
A	3	<	①
B	3	<	①
C	2	<	①
D	②	>	3
E	②	>	3
F	①	>	3
G	①	>	3

拉麵 vs 涼麵→拉麵

勝出

如上左表所示，如果詢問涼麵和咖哩飯比較想吃哪一樣，咖哩飯以4票勝出。同樣地，咖哩飯對拉麵也是4比3，咖哩飯勝選（上中表）；拉麵對涼麵是4比3，拉麵勝選（上右表）。

也就是說，「咖哩飯」會成為比其他料理都更想吃的「孔多塞贏家」。而在「最想吃的午餐」的多數決中勝選的涼麵，如果採取二選一，則不管在哪一種菜單中都是不想吃的料理。

點數的排名順序可能會顛倒過來!?

前頁介紹採取單選投票方式有可能會選出被認為是最差的結果，孔多塞則認為，採取循環決選方式選出的「孔多塞贏家」才是真正的獲勝者。

但是，採取循環決選的方式有一個缺點，如果選項的數量越多，投票的次數也會越多。例如，如果有20個候選者，則必須要進行190次的投票才行。

另一方面，為了避免單選投票方式的缺點，有人想出了「前兩名決選投票方式」的點子。這個方式是當採取單選投票方式無法讓其中一個選項的得票數過半時，則把得票數前兩名列出來再投票一次。這個方式獲廣泛採用，例如決定奧林匹克運動會的舉辦地點、日本內閣總理大臣的指名選舉等等。不過，這個方式仍然無法完全避免一票制的缺點。

因此，法國數學家波達（Jean—Charles de Borda，1733～1799）在1770年想出了「排名計分方式」的點子。這個方式是由投票者把所有選項排定順序，再依這個順序給予分數，然後統計所有投票者評定各選項的分數，總分數最高的選項為獲勝者。

例如，有3個選項，第一名是3分，第二名是2分，第三名是1分，比較它們的總分數。這種先排名再給予分數的方法稱為「波達計數法」

排名計分方式的順序（有4樣料理可選）

選項 / 選擇人	咖哩飯	涼麵	拉麵	漢堡排
A	第四名（1分）	第三名（2分）	第二名（3分）	第一名（4分）
B	第一名（4分）	第四名（1分）	第三名（2分）	第二名（3分）
C	第二名（3分）	第一名（4分）	第四名（1分）	第三名（2分）
D	第四名（1分）	第三名（2分）	第二名（3分）	第一名（4分）
E	第一名（4分）	第四名（1分）	第三名（2分）	第二名（3分）
F	第二名（3分）	第一名（4分）	第四名（1分）	第三名（2分）
G	第四名（1分）	第三名（2分）	第二名（3分）	第一名（4分）
總分數	17分	16分	15分	22分
名次	第二名	第三名	第四名	第一名

（Borda count）。這種排名計分方式會因為列入排名的選項數量和分數的設定，而產生各種不同的評選結果，普遍認為比較容易反映出群體的廣泛意見，所以各種藝術類及運動類的競賽經常採用這種投票方式。

但是，這種依照名次給予點數的方式也是會有缺點。

假設有7個室友（A、B、C、D、E、F、G）在討論午餐要吃什麼。選項有咖哩飯、涼麵、拉麵、漢堡排這4種。將這7個室友依照想吃這4種候選料理的順序排名，製成左頁下方的表格，進行投票。第一名給4分，第二名給3分，第三名給2分，第四名給1分。

結果漢堡排的點數以22分排名第一，咖哩飯

以17分居次，涼麵有16分為第三名，拉麵有15分為第四名，於是決定今天的午餐吃漢堡排。不料，一行人走到漢堡店一看，今天公休。

因此，拿掉漢堡排，重新計算其他三樣料理的點數。這回，第一名給3分，第二名給2分，第三名給1分。結果，第一名的拉麵得到15分，涼麵以14分居次，咖哩飯有13分為第三名，重新決定今天的午餐吃拉麵。

讀者有沒有注意到不尋常的地方？沒錯！這次投票的結果和第一次的投票結果剛好顛倒過來。像這樣，採用排名再計點的方式，如果因某種理由而無法採用第一名的時候，亞軍要如何遞補呢？不同的方法會造成不同的候選者獲勝。

排名計分方式的順序（不列入漢堡排）

選項 選擇人	咖哩飯	涼麵	拉麵
A	第三名（1分）	第二名（2分）	第一名（3分）
B	第一名（3分）	第三名（1分）	第二名（2分）
C	第二名（2分）	第一名（3分）	第三名（1分）
D	第三名（1分）	第二名（2分）	第一名（3分）
E	第一名（3分）	第三名（1分）	第二名（2分）
F	第二名（2分）	第一名（3分）	第三名（1分）
G	第三名（1分）	第二名（2分）	第一名（3分）
總分數	13分	14分	15分
名次	第三名	第二名	第一名

隨著投票方式的不同，每個選項都有可能勝出!?

到目前為止所介紹的投票方式都有缺點。那麼，有沒有零缺點的投票方式呢？

1951年，美國經濟學家阿羅（Kenneth Joseph Arrow，1921～2017）已經從數學上證明了完美的民主投票方式並不存在。

但是，美國數學家保羅斯（John Allen Paulos，1945～）在1991年提出一個非常有趣的投票模型。

假設有一個55名學生的班級去戶外健行，討論午餐要吃什麼。午餐的選項有咖哩飯、涼麵、拉麵、漢堡排、豬排飯這5樣。全班55名學生分別把自己想吃的料理做排名，然後根據右頁上表所示的6種選項，投給符合自己排名的選項1票。統計的結果，選項①有18人，選項②有12人，選項③有10人，選項④有9人，選項⑤有4人，選項⑥有2人。

事實上，依照這個投票模型，會隨著投票方式的不同，每個選項都有可能勝出。例如，如果採取單選投票方式，咖哩飯會以18票得到第一名。但如果採取前兩名決選投票方式，則第一名的咖哩飯和第二名的涼麵再次對決，咖哩飯得到18票、涼麵得到37票，涼麵勝選。

但若淘汰獲得第一名票最少的選項，其餘選項再次投票（淘汰決選投票方式），則投到第四輪結束，由拉麵勝選。

如果採取排名計分方式（波達點數為第一名5分、第二名4分、第三名3分、第四名2分、第五名1分）的話，則咖哩飯的總點數127分、涼麵156分、拉麵162分、漢堡排191分、豬排飯189分，漢堡排勝選。而如果採取循環決選方式，則豬排飯會打敗所有對手，脫穎而出。所以，只要改變投票方式，就可以使所有選項都有可能獲選。

就像阿羅所言，完美的民主投票方式並不存在。話雖如此，投票仍然是民主主義表現集體意志不可或缺的手段。我們只能了解各種投票方式的缺點和傾向，選擇符合目的的投票方式。　🪐

保羅斯全員當選模型

雖然投票結果相同，但能夠藉由改變投票方式，使所有候選者都有可能當選的投票模型。這是1991年美國天普大學保羅斯提出的方案。（參照高橋昌一郎《理性的界限》，講談社現代新書）

一票制的投票方式

得到第一名票最多的候選者勝選。咖哩飯得到第一名票有18張，因此勝選。

咖哩飯獲選

前兩名決選的投票方式

咖哩飯得到第一名票有18張，但沒有超過半數，所以必須和得到12張的涼麵進行決選。結果，咖哩飯得到18張，涼麵得到37張，涼麵勝出。

涼麵獲選

淘汰決選的投票方式

淘汰獲得第一名票最少的選項，其餘選項再進行投票，一直反覆進行。第一輪投票，豬排飯得到第一名票只有6張，率先淘汰。第二輪投票，咖哩飯18張、涼麵16張、拉麵12張、漢堡排9張，漢堡排淘汰。第三輪投票，咖哩飯18張、涼麵16張、拉麵21張，涼麵淘汰。第四輪投票，咖哩飯18張、拉麵37張，拉麵勝出。

拉麵獲選

55名學生把中午想吃的料理做排名

樣式	第一名	第二名	第三名	第四名	第五名	人數
①	咖哩飯	漢堡排	豬排飯	拉麵	涼麵	18人
②	涼麵	豬排飯	漢堡排	拉麵	咖哩飯	12人
③	拉麵	涼麵	豬排飯	漢堡排	咖哩飯	10人
④	漢堡排	拉麵	豬排飯	涼麵	咖哩飯	9人
⑤	豬排飯	涼麵	漢堡排	拉麵	咖哩飯	4人
⑥	豬排飯	拉麵	漢堡排	涼麵	咖哩飯	2人

排名計分方式

波達點數設定為第一名 5 分、第二名 4 分、第三名 3 分、第四名 2 分、第五名 1 分，總點數最多的料理獲選。結果咖哩飯得到127分、涼麵156分、拉麵162分、漢堡排191分、豬排飯189分，漢堡排勝選。

循環決選方式

把所有選項採取 1 對 1 的方式做比較，決定勝選者。咖哩飯對豬排飯為18分對37分，豬排飯勝出。涼麵對豬排飯為22分對33分，豬排飯勝出。拉麵對豬排飯為19分對36分，豬排飯勝出。漢堡對豬排飯為27分對28分，豬排飯勝出。所以，豬排飯獲得完勝。

漢堡排獲選

豬排飯獲選

群體往往會朝沒有人期望的方向前進!?

　　有一天，全家4個人吃過晚餐後，在客廳裡聊天。女兒說：「嗯，明天開始放連假，很久沒有全家去溫泉旅行了，要不要去啊？」

　　兒子這樣想：「怎麼突然冒出這個提議？我早就和朋友約好要在連假期間一起去踢足球，現在突然要取消，那可真是麻煩。」但是媽媽這麼說：「好主意吔，那就去吧！爸爸，你說呢？」爸爸也說：「是啊，偶爾大家一起出去走走，也不錯啊！」兒子心裡想：「大家都想去，那就沒辦法了，我也去吧！」

　　第二天，全家4人開車前往溫泉勝地。但是錢花了，住得不太好，餐飲也很差。而且，遇上返鄉車潮，去程回程都堵車。4個人筋疲力盡，回到家裡已經是連假最後一天的深夜了。

　　開了很久的車而累壞的爸爸忍不住說了重話：「我原本想，連假去附近釣魚就好……。」媽媽也說了：「我啊，本來想去百貨公司的週年慶吔！我以為大家都想去溫泉旅行，所以才贊成。」兒子說：「我早就和朋友約好要一起去踢足球。」沒想到女兒也說：「其實，我原本也打算和朋友去遊樂園，只是想到媽媽平日做家事那麼辛苦，偶爾讓媽媽放鬆一下也好，所以才提議……。」

　　就是這麼一回事。根本沒有人想去溫泉旅行，結果深具同情心（或抱持消極主義）的4個人，卻耗費大量的時間、金錢、體力去了一趟溫泉旅行。像這樣，群體有可能會朝著與成員的意思完全不同的方向前進。

　　美國管理學家哈維（Jerry B. Harvey，1935～2015）有一次和家人在酷暑開著沒有空調的車，橫越沙漠來到阿比林小鎮，期待享受一頓美食，結果敗興而歸才發現根本沒有人想去，每個人都只因為不想掃大家的興，才假裝自己也想去。這次經驗促使他提出這個理論，因此稱為「阿比林悖論」（Abilene paradox）。根據哈維的說法，事實上真的有陷入這種悖論的團體和企業。雖然沒有人想要這麼做，但每個人都以為大家想這麼做，於是耗費了大量的時間、金錢、體力，卻做了錯誤的決定。

兒子想要和朋友踢足球……

兒子

媽媽想去百貨公司買東西……

Newton

媽媽

爸爸想去釣魚……

爸爸

但卻是全家人去溫泉旅行……
雖然家裡沒有人想去，但誤以為大家都
想去，結果全家人去溫泉旅行……。

女兒想和朋友
去遊樂園……

女兒

八階催事場 書籍フェスティバル
大クリアランスセール開催中

59-63

← 阿比林溫泉

「節儉」會使家庭財務更加惡化!?

有一天，父親對家人說：「因為不景氣，遭公司減薪，因此以後要儘量節省哦！」父親因為收入減少，所以想要樽節支出，希望能夠改善家庭的經濟狀況。這樣做會有什麼問題嗎？

事實上，如果有人告訴你，這個節省的行為或許可以改善家庭的經濟狀況，但也有可能更加惡化，這時你會怎麼想呢？這種情況的產生機制如下所述。

在不景氣的時候，家庭會儘量減少消費，希望多留存一些現金在家裡。可是這麼一來，商品的銷售量會減少，造成企業的業績下滑，導致企業不得不刪減人事費用。於是，薪資縮水，使得各個家庭的經濟狀況更加惡化。

這個現象稱為「節儉悖論」（paradox of thrift），另外還有「儲蓄悖論」（paradox of saving）也是類似道理。不景氣的時候，各個家庭會傾向於把收入存起來而減少消費，於是產生了惡性循環。結果，以整體社會來看，儲蓄反而減少了。

像這樣，以微觀（各個家庭）的角度來看認為正確的事情，從巨觀（整體社會）的角度來看卻產生了非預期的結果，這種情況在經濟學上有一個術語，稱為「合成謬誤」（fallacy of composition），合成謬誤的例子，不僅限於家庭的節儉和儲蓄，還有企業的刪減人員、藉由關稅障礙保護國內產業等，在經濟的世界中不勝枚舉。

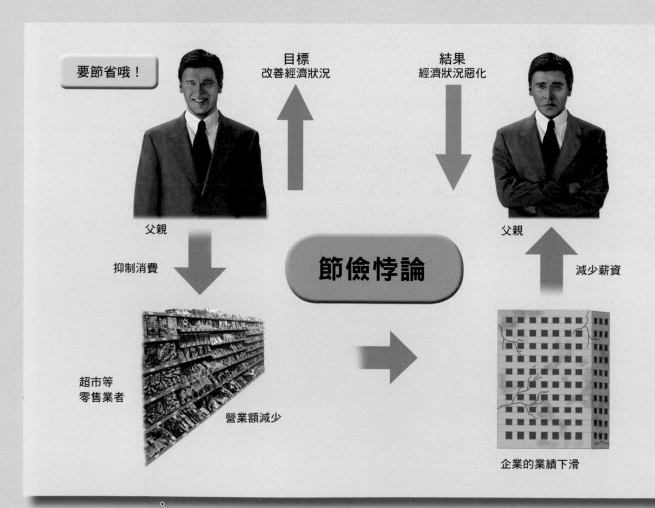

要節省哦！

目標
改善經濟狀況

結果
經濟狀況惡化

父親

父親

抑制消費

節儉悖論

減少薪資

超市等
零售業者

營業額減少

企業的業績下滑

商品的價格上漲有時會帶動需求上升!?

「今天的肉很貴，還是不要買吧！」

「今天的魚便宜，可以買一些。」

通常是這樣的心理在作用，商品的價格上漲，該商品的需求量就會減少；商品的價格降低，則該商品的需求量就會增加。不過，有時候並不是如此，像是以下的例子。

假設某家庭一天要吃肉和馬鈴薯總共5份（肉以1片算是1份，馬鈴薯以1個算是1份）。家人希望儘量多吃一些肉。購買這些食物的預算是每天200元。

某一天，超級市場的肉1片76元、馬鈴薯1個16元，於是買了2片肉、3個馬鈴薯（合計5份，200元）。隔天，超級市場的肉1片76元、馬鈴薯1個31元，於是買了1片肉、4個馬鈴薯（合計5份，200元）。

儘管馬鈴薯第二天漲了將近一倍，但是購買的數量卻不減反增。

在19世紀中葉，愛爾蘭曾經發生大饑荒，當時雖然馬鈴薯漲價，但需求量卻增加了。英國經濟學家季芬（Robert Giffen，1837～1910）發現這個矛盾的現象，所以稱為「季芬悖論」（Giffen's paradox）。像這裡所看到的馬鈴薯的情況，雖然價格上升（下降），需求量卻增加（減少）的物品，稱為「季芬財」（Giffen good）。　　　　🪐

以200元的預算購物實例（季芬悖論）

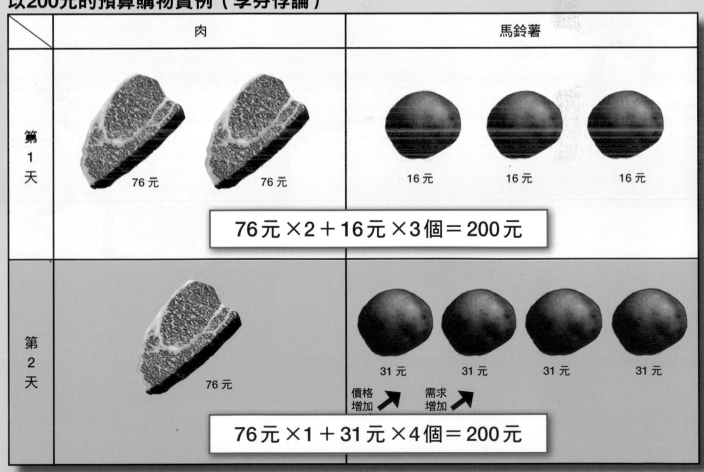

第1天

肉　76元　76元

馬鈴薯　16元　16元　16元

76元 ×2＋16元 ×3個＝200元

第2天

肉　76元

馬鈴薯　31元　31元　31元　31元

價格增加　需求增加

76元 ×1＋31元 ×4個＝200元

殺一個人而救兩個人，是正義嗎？

　　A女士罹患心臟病，另一位B先生罹患肝病。A女士是優秀的研究者，如果能多活幾年的話，可望開發出治療重症的新藥。而B先生是藝術奇才，如果能多活幾年的話，將能完成巔峰傑作。如果這兩個人能延長幾年的生命，完成最後的工作，可以拯救許多人的性命，或是對人類的藝術做出巨大的貢獻。因此，這兩個人都想盡辦法要多活幾年。

　　如果要延長生命，就必須各自獲得健康的心臟和肝臟。他們竟然聯手抓來素不相識的街友，把他毒打到腦死狀態，然後拜託醫生把街友的心臟和肝臟移植到自己身上。這位醫生碰到這種狀況，應該怎麼做呢？

　　在此我們要特別介紹一下「功利主義」（utilitarianism，效益主義）。功利主義的創始人是英國哲學家邊沁（Jeremy Bentham，1748～1832），他主張：把每個人獲利得益（利益、快樂、幸福等）的功利總和視為最高

如果從功利的總和考量正確的選項……

醫生應該抗議把街友打到腦死狀態的A女士和B先生，拒絕施行移植手術，兩個人都不救？還是應該施行移植手術，救活犯下了殺人罪的A女士和B先生？哪一個選擇符合道德？

　　如果依照功利主義的主張，功利總和較大（拯救生命數最多）的選擇才是符合道德的正確選擇。你真的能夠接受這樣的結果嗎？

如果能多活幾年的話，可望開發出治療重症的新藥。

罹患心臟病的A女士

為了得到健康的心臟和肝臟，A女士和B先生把街友打到陷入腦死的狀態。

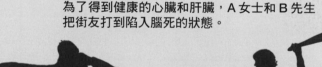

如果能多活幾年的話，將能完成巔峰之作。

罹患肝病的B先生

行動準則，在道德上是正確的。我們就依照這種思想的主張，計算一下剛才所說的功利總和吧！這裡是以拯救生命的數量來計算功利的總和。

首先來考慮這位醫生拒絕 A 女士和 B 先生的可怕請求吧！結果，未能接受移植的 A 女士和 B 先生，以及已經腦死的街友，這三個人的生命都沒有救到，所以拯救生命的數量，亦即功利的總和是 0。

如果醫生接受請求，施行移植手術呢？移植了心臟的 A 女士和移植了肝臟的 B 先生都活下來了，所以拯救了 2 條命。不，如果考慮到他們未來能做出的貢獻，拯救的生命勢必更多。也就是說，這樣會得到一個結論：若以功利總和來做比較，則把街友打到腦死的 A 女士和 B 先生接受街友的臟器移植，這個選擇在道德上是更正確的做法。這樣真的可以嗎？

其實，也有許多專家提出「功利主義無法判斷道德上的正確性」的見解。但是，如果反對功利主義，則應該也要反對採取多數決的民主、追求利益的資本主義，所以這是一個很棘手的問題，到現在仍未獲得共識。　　🪐

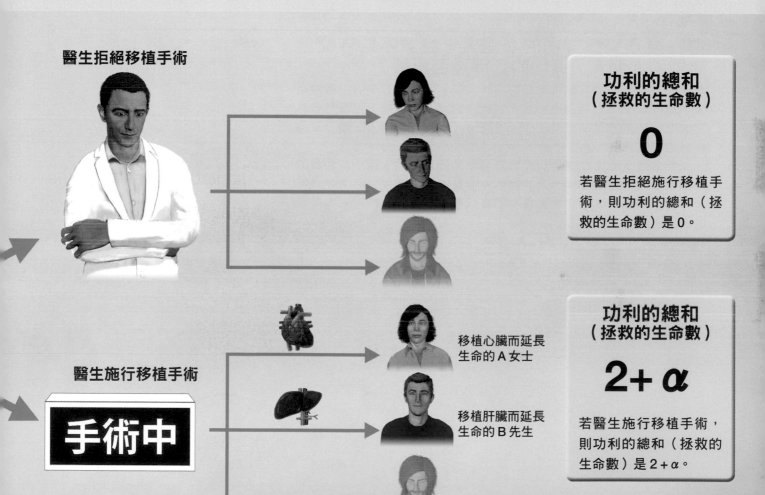

醫生拒絕移植手術

功利的總和
（拯救的生命數）

0

若醫生拒絕施行移植手術，則功利的總和（拯救的生命數）是 0。

醫生施行移植手術

手術中

移植心臟而延長生命的 A 女士

移植肝臟而延長生命的 B 先生

功利的總和
（拯救的生命數）

2+α

若醫生施行移植手術，則功利的總和（拯救的生命數）是 2+α。

功利的總和

$$0 < 2 + α$$

A 女士和 B 先生接受遭他們迫害的街友的臟器移植比較正確？

自動駕駛車應該撞上哪一邊才對？

關於功利主義困境，有一個十分著名的問題，稱為「電車難題」（trolley problem）。這個電車難題如今已經成為「汽車自動駕駛」的大問題。在這裡，我們暫且把電車改成自動駕駛車，再來進行討論。

完全自動駕駛的汽車，無論停車、改道等，都由汽車自行判斷並操作。那麼，假設有一輛自動駕駛車的煞車故障了，而在它行進的道路上，前方有 5 個小孩突然衝到馬路上。自動駕駛車如果繼續前進，顯然會危及這 5 個小孩。自動駕駛車為了避免撞上這 5 個小孩，決定把方向盤一轉，彎進另一條岔路。不料，在它轉彎的時候，偵測到岔路上有一對遵守交通規則的老夫婦走在斑馬線上，正在穿越馬路。也就是說，如果轉進岔路的話，就會危及這對老夫婦的生命。這輛自動駕駛車應該選擇哪一條路線呢？

在這裡，利用功利的總和把自動駕駛車的兩

犧牲遵守交通規則的 2 個人，拯救不遵守交通規則的 5 個人，這樣的選擇是否正確？

有一輛煞車失靈的自動駕駛車在道路上奔馳，前方有 5 個小孩無視交通規則突然衝到馬路上。為了避免撞到這 5 個小孩，汽車想要馬上轉進另一條岔路。可是在那條岔路上，正有 2 個老人家遵守交通規則走在斑馬線上過馬路。

如果依據拯救生命的數量來計算功利的總和，救 5 個小孩生命的總和當然大於犧牲 2 個老人的生命。但是，自動駕駛車為了拯救不遵守交通規則的 5 個人，而犧牲了 2 個遵守交通規則的老人，這樣的選擇在道德上是否正確呢？

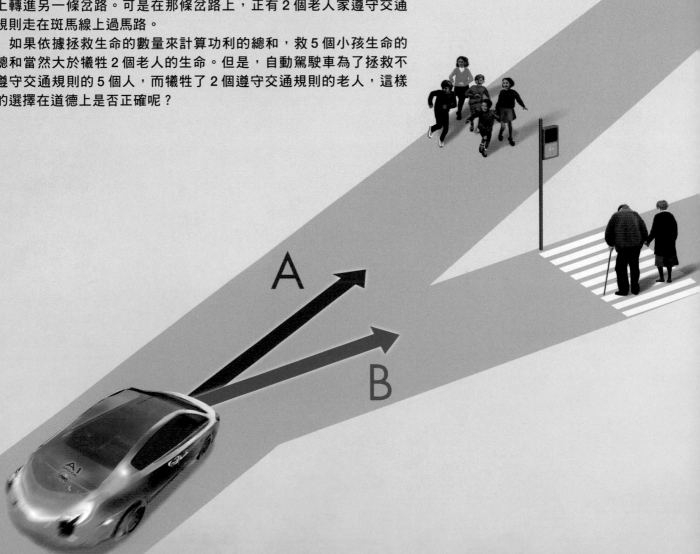

A

B

個選擇進行比較。功利的總和是以拯救的生命數為依據。

自動駕駛車如果維持原來的行駛路線，會撞上 5 個小孩，但 2 個老人可以倖免於難，功利的總和是 2。另一方面，如果變更路線，則會撞上 2 個老人，但 5 個小孩可以逃過一劫，功利的總和是 5。也就是說，如果以功利的總和來比較，則自動駕駛車為了避免撞上不守交通規則的 5 個小孩，應該犧牲遵守交通規則而走

斑馬線的 2 個老人，這樣的選擇在道德上才是正確。但這樣真的對嗎？

像這樣，依據功利主義來做判斷，指示自動駕駛車應該採取什麼行動，會讓許多人覺得很怪異吧！遇到這樣的狀況，應該指示自動駕駛車做出什麼樣的判斷才對呢？這確實是一個非常困難的問題，需要做審慎的研討。

A

功利的總和
（拯救的生命數）

2

若自動駕駛車衝向有 5 個小孩的道路，則功利總和（拯救的生命數）為 2。

B
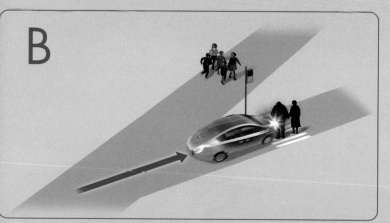

功利的總和
（拯救的生命數）

5

若自動駕駛車轉進有 2 個老人的路，則功利總和（拯救的生命數）為 5。

功利的總和

2 < 5

自動駕駛車決定犧牲 2 個遵守交通規則的老人比較正確？

模糊性的悖論

監修　高橋昌一郎

在建立邏輯時，最重要的是做為前提的語詞和對象的定義。但在現實中，有很多事物沒有嚴格的定義。第 2 章將介紹由於「模糊性」而產生的悖論。

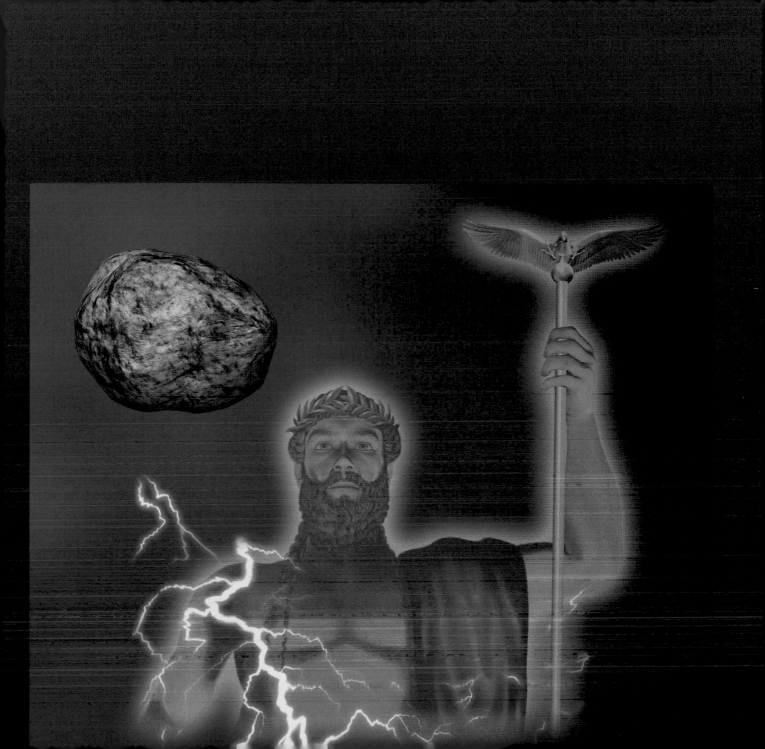

到底會不會舉行臨時測驗呢？

2018年12月14日星期五，你在學校上邏輯課。教授在下課時宣布：「下個星期會進行臨時測驗。至於哪一天會考，要等到當天開始上課後才會宣布。」

你一聽到這個訊息，就打算好好用功一番。但是同學卻說：「放心啦，什麼臨時測驗，不可能考的啦！」這究竟是怎麼一回事呢？

首先，假設到星期四為止都沒有舉行測驗的狀況。這麼一來，就只剩星期五可以考。也就是說，在星期四下課時，就知道明天的星期五會舉行測驗，這樣就不能算是臨時測驗了。由此可知，星期五不會舉行測驗。

臨時測驗不會舉行？

2018			**12** December			
Sun	Mon	Tue	Wed	Thu	Fri	Sat
					?	1
2	3	4	5	6	7	8
9	10	11	12	13	14	15
16	17	18	19	20	21	22
23	24	25	26	27	28	29
30	31					

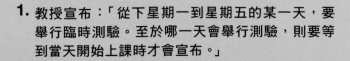

1. 教授宣布：「從下星期一到星期五的某一天，要舉行臨時測驗。至於哪一天會舉行測驗，則要等到當天開始上課時才會宣布。」

接著，假設到星期三為止都沒有舉行測驗，因為已經知道星期五不會舉行測驗，所以只剩星期四可以考試，於是在星期三就知道第二天會舉行測驗。因此，星期四不會舉行測驗。

按照同樣的邏輯推理，星期三和星期二也不會舉行測驗，所以只剩星期一可以舉行測驗。但這麼一來，又是在事前得知星期一要舉行測驗，所以也不能算是臨時測驗。結果，沒有一天能舉行臨時測驗。這是這位同學的說法。

隔週到了21日星期五。一如預測，直到前一天的星期四為止都沒有舉行測驗，所以星期五這天應該也不會舉行測驗吧！沒想到一開始上課，教授就宣布：「開始臨時測驗。」究竟，這位同學的想法是對是錯呢？

2. 如果到星期四都沒有舉行測驗，就可推測是在星期五舉行。

3. 因為星期五不會舉行測驗，所以如果到星期三為止都沒有舉行測驗，就可推測是在星期四舉行。

4. 繼續同樣的邏輯推理，如果星期一沒有舉行測驗，就可推測是在星期二舉行。

5. 只能在星期一舉行測驗，但這麼一來，就變成事先知道了。

雖然是完全相反的結論，但是兩邊都說得

前頁推翻了這位同學的想法，在星期五舉行臨時測驗。那麼，問題出在什麼地方呢？以下的回答 A 和回答 B 是兩個完全相反的結論。

回答 A 認為，依照前頁所述的這位同學的想法，會得到「無法舉行臨時測驗」的結論。如果到星期四之前都沒有舉行測驗，就只能在星期五舉行測驗。也就是說，能夠預料到會在

星期五舉行測驗。但是，這樣就不算臨時測驗了。同樣的道理，星期四、星期三、星期二、星期一都無法舉行臨時測驗。

另一方面，回答 B 則認為，事實上是在星期五舉行臨時測驗，而因為學生未能在事先料到這件事，因此教授的臨時測驗已經成立了。所以，結論是這位同學的想法錯誤。畢竟，哪一

回答 A：這位同學的想法正確

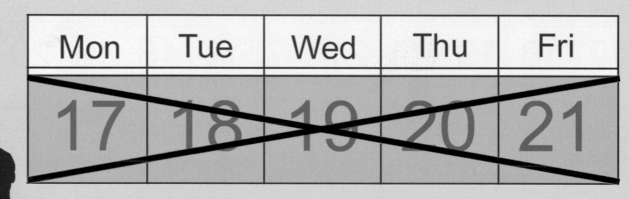

可以預料任何一天都不會舉行臨時測驗

前頁所述的這位同學的想法是，由於到星期四之前都沒有舉行測驗，所以只能在剩下的星期五舉行測驗。其他的日子也是一樣。

如果教授舉行測驗，就會違反教授所宣布的第二個項目的內容：「會在哪一天舉行測驗，在當天之前不會得知。」因此，無法舉行臨時測驗的這個想法正確。

通!?

天要舉行測驗是依照教授的意思來決定，而教授的意思並無法從邏輯上得知。

不過，這兩個回答確實都說得通，都不會覺得有什麼地方怪怪的。也就是說，這是一個真正的悖論。

臨時測驗悖論（unexpected exam paradox）自1940年代發表以來，眾說紛云，莫衷一是。也有把學生改成死刑犯、臨時測驗改成無法預料的死刑執行日等版本。

關鍵在於，當設下①會在其中某一天舉行測驗、②在哪一天舉行測驗要當天才會得知，這個前提的時候，臨時測驗成不成立？下一頁將介紹這個悖論發表時，當時提出的幾個具有代表性的解決方案。

回答 B：這位同學的想法錯誤

無法從邏輯上得知教授的意思

事實上，舉行了臨時測驗。因為學生認為這一天不會考試，因此可以說教授說得沒錯，同學並沒有料到這一天會考試。

追根究柢，會在哪一天舉行測驗，是由教授決定，沒有辦法從邏輯上得知教授的想法。

至今仍然沒有決定性的解決方案

關於臨時測驗悖論，英國艾希特大學邏輯學者奧康納（Donald O'Connor）認為，教授的「說詞」和「行為」引起了「語用學的悖論」。所謂語用學（pragmatics）的悖論，是指說詞和行為的聯結所產生的悖論。

奧康納認為，教授的「哪一天舉行測驗，到當天上課才會告知」這個說詞和「星期五舉行臨時測驗」這個行為引起語用學的悖論，所以學生「無法舉行臨時測驗」的推論是對的。

另外，印第安納大學的史克里文（Michael Scriven）則認為是「臨時測驗」所含的「無法預料」的概念產生了悖論。

假設到星期四都沒有舉行測驗，因此確定星期五會考試的話，這個測驗就不符合臨時測驗「無法預料」的概念，不再是臨時測驗了。所以，到星期四為止都沒有舉行測驗，並無法得到星期五會舉行測驗的結論。史克里文認為，既然無法得到星期五會考試的結論，那就很有可能舉行臨時測驗。

另一方面，哈佛大學邏輯學者蒯因（Willard van Orman Quine，1908～2000）則認為，臨時測驗悖論只不過是因為學生對「知道」這個概念的混亂所產生的疑似悖論。舉行測驗的日期只有教授才「知道」，學生是沒有辦法藉由推論而「知道」。

以上所述是這個悖論發表時，當時提出的三個具有代表性的解決方案。後來又有人提出依據特定規則闡明彼此的利害關係的「賽局理論」（Game Theory），以及利用機率論等等的各式各樣的解決方案。不過，始終沒有決定性的解決方案。最近，美國數學家兼邏輯學家斯穆里安（Raymond Merrill Smullyan，1919～2017）運用了著名的「哥德爾不完備定理」（Gödel's incompleteness theorems）而提出主張，這個問題在某個特定的邏輯系統中，成為無法決定答案 A 和答案 B 何者正確的結構。

三個代表性的解決方案

在此闡述奧康納、史克里文、蒯因針對「臨時測驗悖論」所提出的解決方案。沒有一種達到決定性的解決。（參照高橋昌一郎《理性的界限》，講談社現代新書 第 3 章）

●奧康納的解決方案

奧康納認為，教授的「說詞」和「行為」引起「語用學的悖論」，學生的推論正確。

所謂語用學的悖論是指說詞和行為的聯結所產生的悖論。例如，假設在愚人節的時候，A 先向 B 說「我要騙你」，但其實沒有騙他。以 B 來看，A 是說了謊。但以 A 來看，雖然有說過「要騙 B」，但「沒有騙 B」，也可以說是騙了 B，所以自己並沒有說謊。也就是說，由於 A 的「要騙你」這個說詞和「沒有騙你」這個行為的相互聯結，才開始產生悖論的。這樣的悖論就稱為語用學的悖論。

奧康納認為，教授的「哪一天舉行測驗，在當天上課開始之前不會告知」這個說詞和「星期五舉行臨時測驗」這個行為引起語用學的悖論，所以學生的「無法舉行臨時測驗」這個推論為正確。但是，這個解釋無法說明未能預料到實際上在星期五舉行臨時測驗的事實，所以現在接受的人不多。

教授的發言

哪一天要舉行測驗，到當天才會得知。

語用學的悖論

教授的行為

（在星期五）
現在開始舉行臨時測驗。

●史克里文的解決方案

史克里文認為是「臨時測驗」所蘊涵的「無法預料」這個概念在兜圈子，以致於產生了悖論。這裡所說的「無法預料」，是指「會在哪一天舉行測驗，在當天上課開始之前無法做邏輯上的推論」的意思。

例如，假設預告星期四或星期五會舉行臨時測驗，而星期四沒有舉行測驗。在這種狀況下，能夠得到星期五會舉行測驗的結論嗎？史克里文認為，如果星期五舉行測驗是確實的事情，那麼這就不再是「無法預料」的測驗了。因此，無法得到星期五會舉行測驗的結論。但是，星期四並沒有舉行測驗……。這樣的兜圈子就構成了悖論的核心。結果，由於無法得到星期五會舉行測驗的結論，所以能夠舉行測驗。

史克里文以放入箱子的蛋為例來說明。從1號箱和2號箱選擇一個箱子放入「無法預料」的蛋。按照1號箱、2號箱的順序打開。假設打開1號箱，裡面沒有蛋，則2號箱就一定有放蛋。這麼一來，放在2號箱裡面的蛋就不再是「無法預料」的蛋。因此，無法得到2號箱裡放著「無法預料」的蛋的結論。

從1號箱和2號箱選擇一個箱子放入「無法預料」的蛋。

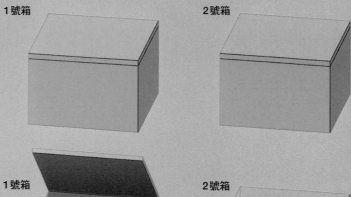

1號箱　　　　　　2號箱

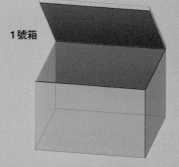

1號箱

打開1號箱，裡面沒有蛋。假設2號箱確實有放蛋的話……

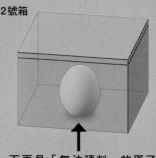

2號箱

不再是「無法預料」的蛋了！因此，無法得到2號箱裡面放著「無法預料」的蛋的結論。

●蒯因的解決方案

蒯因認為，臨時測驗悖論只不過是學生對「知道」這個概念的混亂所產生的疑似悖論。也就是說，學生的「星期五不會舉行測驗」這個假設是錯誤的。

因為，舉行測驗的日期，只有教授能夠「知道」，學生無法藉由推論而「知道」。

依據蒯因的說法，就算教授說了「明天要舉行臨時測驗」，學生也無法藉由推論而「知道」明天會不會舉行測驗。因為只有到了明天，學生才能「知道」有沒有舉行測驗。

教授

明天要舉行臨時測驗。

就算教授說了「明天要舉行臨時測驗」……

學生

學生無法藉由推論「知道」明天會不會舉行測驗。

「沙丘」要減少到什麼程度才不算是「沙丘」呢？

假設眼前有一座巨大的「沙丘」，即使從這座沙丘拿走一粒沙子，聳立在那裡的仍然是一座沙丘。因此，我們可以這麼說：

「即使從沙丘拿走一粒沙子，沙丘仍然還是沙丘。」

這句話聽起來沒有什麼問題，但是，如果你認可這句話，就會發生奇怪的事情！

例如，不斷重覆拿走1粒沙子這個動作，這麼一來，即使到最後變成了只剩下1粒沙子的狀態，仍然可以稱為沙丘嗎？我們通常不會把1粒沙子稱為沙丘吧！所以，顯然我們推演出一個奇怪的結論。

這個「沙丘悖論」是一系列「堆垛悖論」（sorites paradox）的其中之一。堆垛源自希臘語的soros，意指堆疊的東西。由此可見，堆垛悖論的歷史至少可以追溯到希臘時代。底下再介紹一個例子。

禿頭是沒有頭髮的人。「禿頭即使長了1根頭髮，仍然是禿頭。」如果同意這句話，那麼，即使再長1根，也仍然是禿頭。即使有了3根頭髮，也還是禿頭。……（中間省略）即使長10萬根頭髮，也仍然是禿頭。因此，就會得到「所有的人都是禿頭」的荒謬結論。

再介紹一個例子。假設有一頭驢子已經馱了許多捆稻草。如果再增加一捆稻草，就會把驢子壓垮。但如果只增加1根稻草，則不會壓垮驢子。如果這樣的話，那麼在驢子的背上一次加1根稻草，到最後就會變成「無論多少稻草，驢子都馱得動」。

這樣的悖論可能是因為語言的「模糊性」而產生。例如，並沒有嚴格定義要多少粒沙子才能稱為「沙丘」。這種模糊的概念，如果隨意套用到邏輯上，往往會推演出奇怪的結論。 🪐

堆垛悖論

從沙丘拿走1粒沙子……　沙粒
沙丘

沙丘仍然是沙丘。　沙丘

因此，

從沙丘拿走1粒沙子，沙丘還是沙丘。

再從沙丘拿走1粒沙子，沙丘還是沙丘。　沙丘　沙粒

再從沙丘拿走1粒沙子，沙丘還是沙丘。　沙丘　沙粒

不斷地從沙丘拿走1粒沙子……　（中間省略）

直到剩下最後1粒，沙丘還是沙丘嗎？　沙丘!?　沙粒

禿頭悖論

沒有頭髮的人，即使長了1根頭髮…… 仍然是禿頭。

因此， 沒有頭髮的人，即使長了1根頭髮，仍然是禿頭。

   （中間省略）

沒有頭髮的人，只長了1根頭髮，仍然是禿頭。

即使再長1根，有了2根頭髮，仍然是禿頭。

即使再長1根，有了3根頭髮，仍然是禿頭。

即使再長1根，有了10萬根頭髮，仍然是禿頭。

因此， 所有的人都是禿頭 !?

驢子悖論

  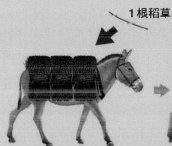 

1捆稻草　　　　　　　　　　　　　　　　　　　　　1根稻草

在驢子的背上增加1捆稻草…… 壓垮驢子！ 在驢子的背上增加1根稻草…… 不會壓垮驢子。

因此， 即使在驢子的背上增加1根稻草，也不會壓垮驢子。

1根稻草　　　　1根稻草　　　　1根稻草

  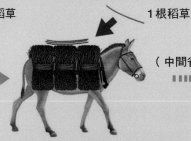 （中間省略）

即使增加1根稻草，也不會壓垮驢子。

即使再增加1根稻草，也不會壓垮驢子。

即使再增加1根稻草，也不會壓垮驢子。

因此，

無論多少稻草，驢子都駄得動。 !?

材料全部更換過的船仍然是「同一艘船」嗎?

　　希臘哲學家普魯塔克(Plutarchus,約46～約120)寫了一篇關於希臘神話人物忒修斯(Theseus)的文章,提出這個悖論。故事中忒修斯是在克里特島殺死怪物「米諾陶洛斯」的英雄。

　　忒修斯從克里特島搭乘返航的船隻,被放在雅典長期保存,並命名為「忒修斯之船」(Ship of Theseus)。時日一久,木板逐漸腐朽,於是一片一片陸續抽掉,更換成和原來木板一模一樣的新木板。最後,整艘船都換成新的木板,原來的木板一片也不剩。於是,普魯塔克提出了一個疑問:這艘船可以說「和原來的船是同一艘船」嗎?

　　進一步,假設使用從忒修斯之船上取下來的舊木板,另外打造一艘和原來的船一模一樣的船,那麼,更換材料的忒修斯之船和重新打造的忒修斯之船,哪一艘船才能稱為真正的忒修斯之船呢?這又是一個很大的疑問。

　　類似的悖論還有許多案例。其中有一個古典的案例稱為「祖父的斧頭」(grandfather's axe)。「以前祖父使用的斧頭,它的木柄和斧刃已經換新過許多次了,現在仍然可以稱它為祖父的斧頭嗎?」

　　以我們身邊的例子來說,我們的身體每天都有一些細胞死亡,換成新生的細胞,總有一天,全身的細胞會全部換成新的細胞。那麼,我還是我嗎?

　　像這樣的悖論,從古希臘時代就不斷有人提出各式各樣的解決方案。這些方案隨著關注的焦點而有所不同。例如,以忒修斯之船來說,有人專注於船的材質,有人強調忒修斯是否搭乘過,有人關心建造者是誰,不一而足。　　✑

忒修斯之船

右頁最上方的①是原來的「忒修斯之船」。②是木板部分更換的忒修斯之船。③是大約有一半木板換新的忒修斯之船。最下方的④是全部換成新木板的忒修斯之船。這艘船還能稱為忒修斯之船嗎?本頁下方的⑤是收集原來的忒修斯之船的舊木板,使用這些舊木板造出和原來的忒修斯之船一模一樣的船。那麼,這艘船和④的船,哪一艘才夠格稱為忒修斯之船呢?

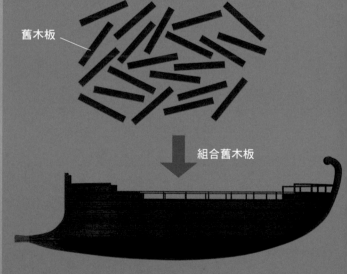

從忒修斯之船取下來的舊木板

舊木板

組合舊木板

⑤使用舊木板建造而酷似忒修斯之船的船。

這艘船和④的船,哪一艘才夠格稱為忒修斯之船?

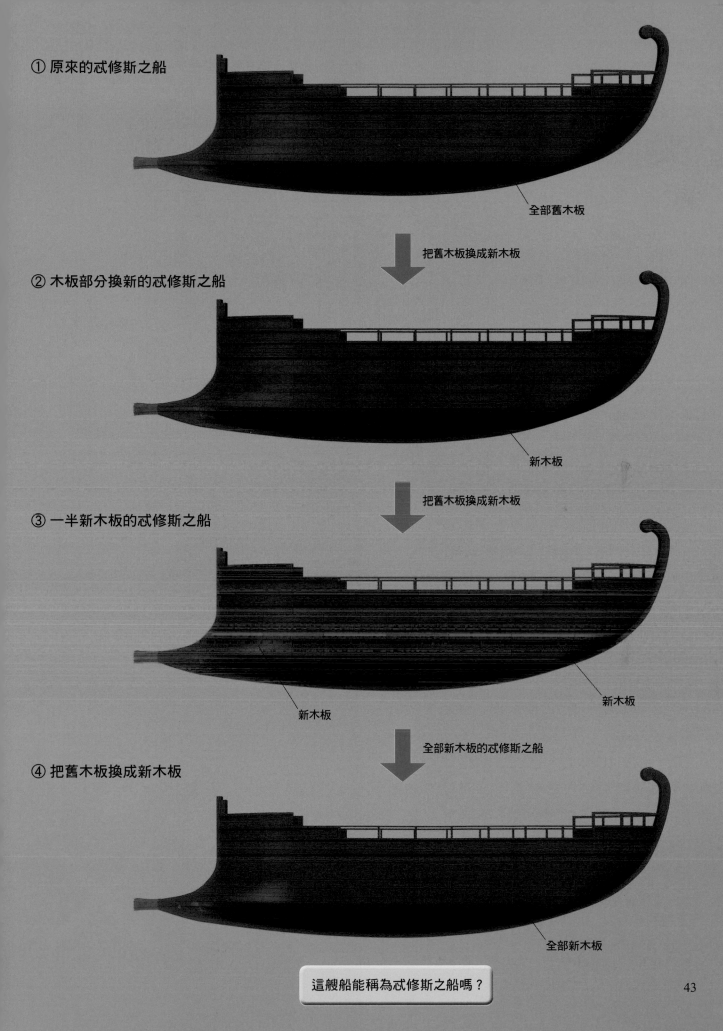

① 原來的忒修斯之船

全部舊木板

把舊木板換成新木板

② 木板部分換新的忒修斯之船

新木板

把舊木板換成新木板

③ 一半新木板的忒修斯之船

新木板

新木板

全部新木板的忒修斯之船

④ 把舊木板換成新木板

全部新木板

這艘船能稱為忒修斯之船嗎？

全能者能夠自我限制本身的全能嗎？

全能悖論（omnipotence paradox）是最有名的悖論之一。簡言之，所謂的「全能」就是「什麼都能」，也有人稱為「全知全能」。全能者不一定是「神祇」。以下是經常引用為「全能悖論」的例子。

「全能者能夠製造出連自己都舉不起來的石頭嗎？」除此之外，還有其他各式各樣的形式，但基本上可以說都是「全能者能夠自我限制自己本身的全能，而變成不是全能的存在嗎？」。

假設全能者能製造出連自己都舉不起來的石頭，那麼，全能者就不是「什麼都能」了。反之，假設全能者不能製造出這樣的石頭，那麼，全能者也就不能算是全能了。

這個悖論自古以來就讓哲學家困擾不已。有人認為這個悖論是「全能者無法存在的證據」，也有人認為「舉不起石頭也是一種能力」等等。

也有人提出一個解決方案：「全能者既能製造出連自己都舉不起來的石頭，也能在事後輕鬆把它舉起來，所以沒有問題」。

這個悖論是由於「全能」這個概念的定義模糊不明而產生。追根究柢，在不同的文化及宗教中，「全能」的意涵並不相同。此外，「什麼都能」的意涵是否應該無所不包，甚至擴張到能否達成「1＋1＝100」、能否畫出「四方形的圓」之類不合邏輯的事物，也是一個問題。　　　　　　　　🪐

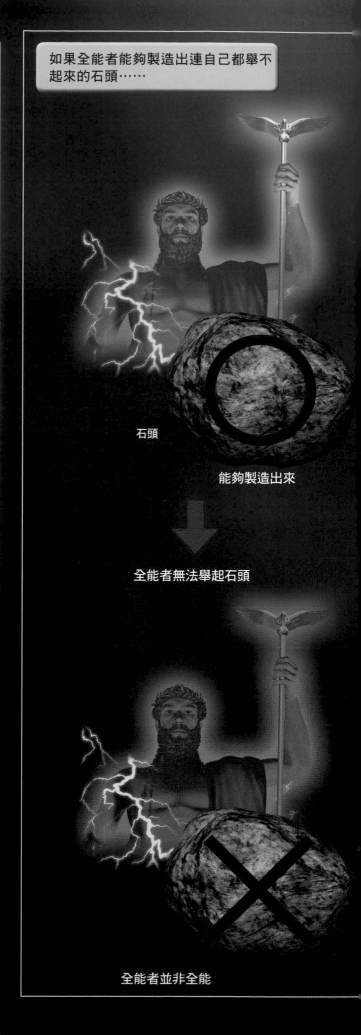

如果全能者能夠製造出連自己都舉不起來的石頭……

石頭

能夠製造出來

全能者無法舉起石頭

全能者並非全能

宙斯（全知全能的存在）

古希臘的宗教為多神教，由宙斯率領的奧林帕斯山12位神祇居於最高的位階。一般認為眾神之王宙斯是全知全能的存在，支配著宇宙及氣象，例如，雷是由宙斯劈下來的。

如果全能者不能製造出連自己都舉不起來的石頭……

不能製造出來

如果有造不出來的東西，表示並非全能

不調查烏鴉，就能知道烏鴉的顏色嗎？

「天下烏鴉一般黑。」要怎麼做才能確定這件事呢？最簡單的方法就是把全世界的烏鴉都調查一遍。調查全部的烏鴉，在現實上有其困難，但若真能做到，就能判定烏鴉是不是都是黑色的！

不過，即使無法調查全部的烏鴉，但只要發現越多符合「烏鴉是黑的」這個命題的例子，也就是發現越多「黑烏鴉」，就越能增加這個假說的確證度，這稱為「確證原理」（principle of confirmation）。反之，就算只發現一隻「非黑色烏鴉」，這個假說就會被否定。

如果告訴你，連一隻烏鴉都不必調查，也能證明「所有烏鴉都是黑色」，你聽到之後會作何感想？不經調查的過程，要如何確定烏鴉的顏色？

但結論就是，就算連一隻烏鴉都不調查，也能證明「所有烏鴉都是黑色」。

「所有烏鴉都是黑色。」只要調查所有的不是黑色的東西，確定這些東西都不是烏鴉就行了。這在現實中也不可能做到，但若行得通，就能證明「所有烏鴉都是黑色」了。

這種證明法稱為「對偶論法」（proof by contraposition，換質位律）。所謂的對偶（contraposition），是指例如「若 A 則 B」和「若非 B 則非 A」的關係。具有這種對偶關係的事件，它們的真偽在邏輯上必然一致，而利用這個性質的證明法就是對偶論法。

例如，「若 x 為 2 的倍數，則 x 為偶數」和它的對偶「若 x 不是偶數，則 x 不是 2 的倍數」在邏輯上為等價。因此，只要能證明「若 x 不是偶數，則 x 不是 2 的倍數」，就能證明「若 x 為 2 的倍數，則 x 為偶數」。

「所有烏鴉都是黑色」的對偶是「所有不是黑色的東西都不是烏鴉」，因此，如果能調查全部符合「所有不是黑色的東西都不是烏鴉」的例子，例如黃香蕉和紅蘋果不是黑色的東西，並證明它們都不是烏鴉，就能證明「天下烏鴉一般黑」了。

此外，依據「確證原理」，即使無法調查所有不是黑色的東西，但只要觀察到越多黃香蕉和紅蘋果等符合「所有不是黑色的東西都不是烏鴉」的例子，則這個命題的確證度就越為增加。而與此同時，「所有烏鴉都是黑色」這個對偶命題的確證度也越為增加。

這個問題是德裔美國科學哲學家亨佩爾（Carl Gustav Hempel，1905～1997）提出的悖論，顯示有違反我們直覺的實證法存在，因為是以烏鴉為例，所以也被稱為「亨佩爾的烏鴉」（Hempel's ravens）。我們在處理類似「所有不是黑色的東西」這樣在世界上有無數個存在的東西之際，似乎很難去想像那是個什麼樣的領域。

黃香蕉也是符合其他假說的例子!?

可是，亨佩爾的悖論並不是到這裡就結束了，反而是從這裡才開始好戲上場。

剛才所說的黃香蕉，固然是符合「所有不是黑色的東西都不是烏鴉」的例子，但依照相同的辯證法，黃香蕉也是符合「所有不是白色的東西都不是烏鴉」的例子，因為黃香蕉不是白色的東西，而且不是烏鴉。也就是說，黃香蕉是同時符合「所有烏鴉都是黑色」和「所有烏鴉都是白色」這兩個完全不同假說的例子。

同理可知，利用相同的辯證法，同樣的黃香蕉也可以是符合「所有的天鵝都是紅色」（黃香蕉不是紅色，而且不是天鵝）及「所有的蘋果都是綠色」（黃香蕉不是綠色，而且不是蘋果）等等的例子吧！這樣的悖論稱為「確證悖論」（paradox of confirmation）。

亨佩爾的烏鴉（確證悖論）

所有烏鴉都是黑色　＝　不是黑色的東西都不是烏鴉

符合例

黑烏鴉

紅蘋果

黃香蕉

符合例

所有烏鴉都是白色　＝　不是白色的東西都不是烏鴉

符合例

白烏鴉

「所有烏鴉都是黑色」和與它成對偶關係的「不是黑色的東西都不是烏鴉」在邏輯上為等價。符合「不是黑色的東西都不是烏鴉」的黃香蕉和紅蘋果之類的例子發現越多，則「所有烏鴉都是黑色」這個假說的確證度就越為增加。

另一方面，黃香蕉和紅蘋果也符合「不是白色的東西都不是烏鴉」的例子。這麼一來，黃香蕉和紅蘋果發現越多，則「所有烏鴉都是白色」這個假說的確證度也越為增加。（參照高橋昌一郎《知性的界限》，講談社現代新書）

誰是殺人犯？

A、B、C在沙漠中迷路了。後來，3個人各走各的路。

A先生怨恨C先生，因而萌生殺意。在分道揚鑣的前一天晚上，A先生在C先生的水瓶裡下毒。這種毒藥無色無味，喝下去也不會察覺有異樣。C先生只要喝下一口，馬上就會回天乏術。

另一方面，B先生也對C先生深懷恨意，打算致他於死地，於是在C先生的水瓶底部鑽了一個小洞，想讓水慢慢漏光，讓C先生在沙漠中沒有水喝而渴死。當然，B先生在鑽洞的時候，並不知道A先生已經下毒了。

在水瓶裡下毒的人、將水瓶鑽洞的人，哪一個是殺人犯？

怨恨C先生的A先生和B先生，各自在C先生的水瓶動了手腳，企圖殺死C先生。A先生在水瓶下藥，打算毒死他。但是，不知道這件事的B先生打算讓C先生渴死，所以在水瓶鑽了一個洞，讓水漏光。

結果，C先生沒水喝而渴死。在這種狀況下，究竟是誰犯下殺人罪呢？

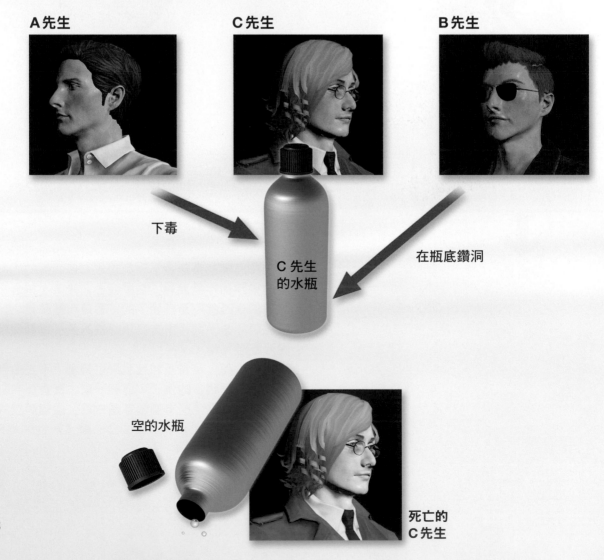

A先生

C先生

B先生

下毒

C先生的水瓶

在瓶底鑽洞

空的水瓶

死亡的C先生

三個人分手之後，沒過多久，C先生就發現水瓶裡已經沒水了。最後，C先生因為沒有水喝，在沙漠中乾渴而死。那麼，問題來了！

A先生和B先生都打算殺死C先生，這一點毋庸置疑。但是，殺死C先生的「殺人犯」究竟是誰，卻引起很大的爭議。

是A先生嗎？但是，A先生在水瓶下毒的行為，並不是C先生的直接死因。那麼，是B先生嗎？但是，如果不是B先生在水瓶鑽洞，C先生就會喝下摻有毒藥的水而更早死亡。甚至可以說，B先生延後了C先生的死期。

那麼，A先生和B先生都不是犯人嗎？但是，這麼一來，就會變成雖然C先生確實被害死了，卻沒有殺人犯。這個結論很奇怪！

究竟誰是殺人犯呢？提出這個「斯穆里安悖論」（Smullyan's paradox）的美國數學家斯穆里安（Raymond Smullyan，1919～2017）本身也沒有辦法給出結論。　🪐

A先生是犯人嗎？

C先生沒有辦法喝到水瓶的水而渴死，所以，A先生「在水瓶下毒」的行為並不是殺死C先生的原因。因此，不能說A先生是殺人犯。

B先生是犯人嗎？

如果B先生沒有做「在水瓶鑽洞使水漏光」的行為，C先生就會喝下水瓶內的毒藥，因而更早死亡。也就是說，B先生延後了C先生的死期（有些人甚至認為是B先生救了C先生），因此，不能說B先生是殺人犯。

A先生和B先生都不是犯人嗎？

假設A先生和B先生都不是犯人的話，那麼雖然C先生確實被害死了，卻沒有殺人犯。這個結論很奇怪。

自我指涉性的悖論

監修　高橋昌一郎

「我在說謊」這句話無論是實話還是謊話，都會產生矛盾。像這樣，當言詞牽涉到自己本身，或牽涉到包含自己在內的集團時，往往會產生悖論。在第3章，讓我們來探討一些「自我指涉性的悖論」的例子。

克里特島的島民是說謊者還是老實人？

首先介紹「說謊者悖論」這個極具代表性的「自我指涉性悖論」（self-reference paradox）。

在古老的傳說中古希臘預言家埃庇米尼得斯（Epimenides，生卒年代不詳）曾經說過這麼一句話：

「每個克里特人都說謊。」

這句話的問題在於，埃庇米尼得斯本人也是克里特島的島民。

假如這是實話，克里特島的島民都會說謊，既然埃庇米尼得斯也是克里特島的島民，所以他自己也在說謊。這是句埃庇米尼得斯所說的話，那麼，「所有克里特人都說謊」這句話也是謊話。這麼一來，就和前面所假設的這句話是

埃庇米尼得斯的說詞產生矛盾

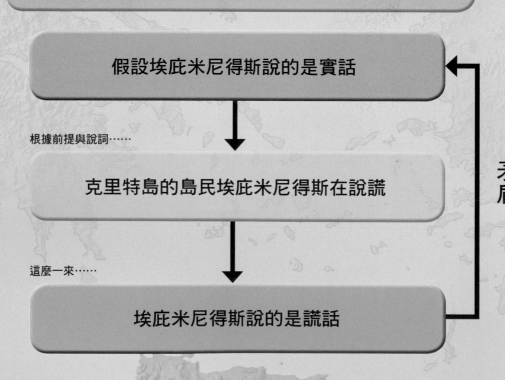

<前提>
埃庇米尼得斯是克里特島島民

<埃庇米尼得斯的說詞>
「所有克里特人都說謊。」

假設埃庇米尼得斯說的是實話

根據前提與說詞……

克里特島的島民埃庇米尼得斯在說謊

這麼一來……

埃庇米尼得斯說的是謊話

矛盾！

實話產生了矛盾。

反過來說,假設這句話是謊話,「不一定所有克里特人都說謊。」這就表示,埃庇米尼得斯雖然是克里特島的島民,但有可能說實話。這麼一來,也有可能和前頭所假設的埃庇米尼得斯在說謊產生了矛盾。

那麼,克里特島的島民究竟是說謊者還是老實人?

讓我們更單純地來思考「我在說謊」這句話吧!假設這句話是實話,那麼「我在說謊」這句話就成了謊話。相反地,如果這句話是謊話,那麼,「我不是在說謊」就成了實話。不論哪一種情況都會產生矛盾。這個悖論稱為「說謊者悖論」(liar paradox)。

「我在說謊」的說詞

我在說謊

假設說詞為實話……

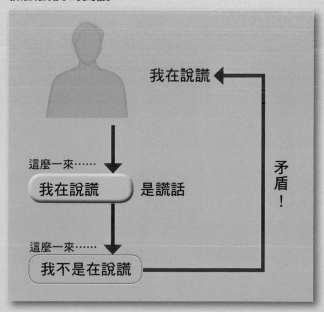

我在說謊

這麼一來……

我在說謊　是謊話

這麼一來……

我不是在說謊

矛盾!

假設說詞為謊話……

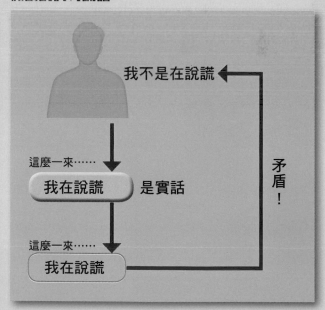

我不是在說謊

這麼一來……

我在說謊　是實話

這麼一來……

我在說謊

矛盾!

如何向天使打聽天堂之路？

假設你死後走在路上，四處尋找通往天堂的道路。走著走著，來到了一個岔路口。其中一條通往天堂，另一條通往地獄。然而，你不知道哪條才是通往天堂的路。

在這個路口有兩名天使守著，他們知道通往天堂的路。你可以向天使打聽哪一條通往天堂，但你只有一次詢問的機會。

其實，這兩位天使很難對付。其中一位是誠實天使，只說實話。另一位是說謊天使，只說謊話。但不知道哪一位是誠實的天使，哪一位是說謊的天使。而且，兩天使都只會回答「是」或「否」。

你若想知道通往天堂的路，應該如何向天使詢問呢？重點在於，要如何提出問題，才能使說謊的天使做出和誠實的天使相同的回答。

正確的解答是，你手指著其中一條路，向天使提出這樣的問句就行了。「對於『這條路通往天堂嗎？』的詢問，你會回答『是』嗎？」

向天使打探通往天堂之路的方法是什麼？

你站在天堂與地獄的岔路口，想知道哪一條路通往天堂。在這個路口，有一個只會說實話的天使，和一個只會說謊話的天使。你要如何向天使問路，才能得知哪一條通往天堂？

假設你指的道路是通往天堂的道路，誠實的天使會回答「是」。那麼，說謊的天使會怎麼回答呢？他會說謊而回答「否」嗎？事實上，說謊的天使不能這麼回答。

如果你指著通往天堂的道路，向說謊的天使詢問：「這條路通往天堂嗎？」說謊的天使當然會回答「否」！也就是說，當說謊的天使被問到「對於『這條路通往天堂嗎？』的詢問，你會回答『是』嗎？」的時候，如果他依然回答「否」（不會回答「是」），那麼他就不是在說謊，而是說了實話。結果，雖然是說謊的天使，卻沒有說謊。

因此，當說謊的天使被問到「對於『這條道路是通往天堂的道路嗎？』的詢問，你會回答Yes嗎？」的時候，他只能回答「是」。如果你指的道路是通往地獄的道路，則基於相同的道理，兩個天使都會回答「No」。這麼一來，你就能得知通往天堂的正確道路了。

詢問天使的方法

「對於『這條道路是通往天堂的道路嗎？』的詢問，你會回答『是』嗎？」

天堂　誠實的天使　說謊的大使　地獄
是　是

因為手指的是通往天堂的道路，所以……

你：「這條路通往天堂嗎？」
說謊的天使：「否。」　①

你：
「對於『這條道路是通往天堂嗎？』的詢問，你會回答『是』嗎？」

說謊的天使：
「否。（不會回答「是」哦！）」……說實話（①）。
說謊的天使：
「是。（會回答「是」哦！）」……說謊話（①）。

說謊的天使只會說謊話，所以……

說謊的天使：「是。」回答和誠實的天使相同！

天堂　誠實的天使　說謊的天使　地獄
否　否

因為手指的道路是通往地獄的道路，所以……

你：「這條路通往天堂嗎？」
說謊的天使：「是。」　②

你：
「對於『這條路通往天堂嗎？』的詢問，你會回答Yes嗎？」

說謊的天使：
「是。（會回答「是」哦！）」……說實話（②）。
說謊的天使：
「否。（不會回答「是」哦！）」……說謊話（②）。

說謊的天使只會說謊話，所以……

說謊的天使：「否。」回答和誠實的天使相同！

如何回答鱷魚的問題，孩子才不會被吃掉？

有一天，父親和兒子在河上划船。兒子跳到河裡游泳，不料河中出現了一隻食人鱷。食人鱷向父子倆說了這句話。

「如果你能預測接下來我會做什麼事，你的兒子就能平安無事。如果不能預測的話，我就把他吃掉。」

父親考慮了一下子，然後說：

「你會把我的兒子吃掉吧！」

鱷魚聽到之後說：「沒錯！」轉身就想把小孩吃掉。但是，這麼一來，就變成父親的預測正確，所以必須把小孩還給父親。

鱷魚察覺到這一點，於是說：「那就把小孩還給你吧！」這樣又變成父親的預測不正確，所以不必交還小孩。

如果鱷魚想吃的話，就必須交還小孩；想交

鱷魚既不能吃掉小孩，也不能放走小孩！?

如果父親能預測到鱷魚的行動，小孩就能平安回來；如果未能預測到，小孩就會被吃掉。現在，父親做了「你會把小孩吃掉」的預測。結果，鱷魚既不能吃掉小孩，也不能交還小孩，遂陷入了進退兩難的困境。

還小孩，就必須吃掉小孩，陷入了進退兩難的困境。

這則是英國數學家道奇森（Charles Lutwidge Dodgson，1832～1898，以Lewis Carroll 的筆名發表《愛麗絲夢遊仙境》等小說）創作的故事，稱為「鱷魚困境」（Crocodile's Dilemma）。其他還有各式各樣的版本，例如在西班牙作家塞萬提斯（Miguel de Cervantes Saavedra，1547～1616）的《唐吉訶德》（Don Quijote de la Mancha）中出現的「桑丘·潘薩的悖論」（Sancho Panza's gallows）。

如果要走過某座橋，必須向守橋人報告過橋的目的。如報告的內容不實，會被處以絞刑。有一天，有一個男人向守橋人報告：「我要過橋去接受絞刑。」使得守橋人不知道如何是好。

順帶一提，在書中，守橋人找桑丘·潘薩商量這件事，桑丘·潘薩回答：「如果你無法判斷的話，就放他通行吧！」 ☄

●如果鱷魚想吃掉小孩……

想吃掉

父親的預測正確，所以必須交還小孩

●如果鱷魚想交還小孩……

想交還

父親的預測錯誤，所以必須吃掉小孩

誰為理髮師刮鬍子？

英國邏輯學家羅素（Bertrand Arthur William Russell，1872～1970）提出了「羅素悖論」（Russell's paradox），這是關於利用數學處理「集合」的概念時所產生的矛盾。所謂的集合是指「東西的集體」。例如，「蔬菜」這個集合包含了「青椒、番茄、南瓜」等，「偶數」這個集合包含了「2、4、1258」等等。

羅素悖論是在思考「集合的集合」時可能會產生的矛盾。以下「理髮師悖論」（barber paradox）是經常用來說明這個悖論的一個淺顯例子。

小鎮只有一間理髮店，店裡只有一位男理髮師在打理一切。這個理髮師說，他只為所有不自己刮鬍子的鎮民刮鬍子，不為其他鎮民刮鬍子。乍看之下，好像沒有什麼問題。

那麼，這個理髮師的鬍子由誰來刮呢？

如果理髮師自己刮，但他說只為「不自己刮

理髮師悖論

理髮師為所有不自己刮鬍子的鎮民刮鬍子（規則A），不為會自己刮鬍子的鎮民刮鬍子（規則B）。這麼一來，如果理髮師想自己刮鬍子，則根據規則B，變成不能刮。反之，如果理髮師不想為自己刮鬍子，根據規則A，變成不能不刮。

刮鬍子
（規則A）

不自己刮鬍子的鎮民

會自己刮鬍子的鎮民

理髮師

不刮鬍子
（規則B）

理髮師想為自己刮鬍子，則……

會自己刮鬍子的鎮民

理髮師

理髮師不為會自己刮鬍子的鎮民刮鬍子（規則B），所以不能動手刮。

理髮師不想為自己刮鬍子，則……

不自己刮鬍子的鎮民

理髮師

理髮師為所有不自己刮鬍子的鎮民刮鬍子（規則A），所以不能不刮。

鬍子的鎮民」刮鬍子，所以就產生了矛盾。如果理髮師不為自己刮，那麼他就成了「不自己刮鬍子的鎮民」，所以變成必須自己刮鬍子。可是這麼一來，又產生了矛盾。

除此之外，還有一個稱為「市長悖論」（mayor's paradox）的例子。市長不一定要住在自己擔任市長的城市，暫且把這樣的市長稱為「外居市長」吧！接下來，建造一座所有外居市長居住的「外居市長市」。外居市長市只有外居市長才能住，而且外居市長必須住在外居市長市。那麼，這座外居市長市的第一任

市長應該住在哪裡呢？

如果這個市長想住在外居市長市，他就變成不是外居市長了，因此，他不能住在外居市長市。如果他想住在外居市長市以外的地方，這麼一來，他就變成外居市長，所以必須住在外居市長市。像這樣，不論住在哪裡，都會產生矛盾。

由於這樣的羅素悖論刺激了集合的研究，現在已經建立了不會產生矛盾的集合概念「公理集合論」（axiomatic set theory）。 ☄

市長悖論

外居市長市只有外居市長才能住，而且外居市長必須住在外居市長市。外居市長市的市長如果想住在外居市長市，就不再是外居市長，所以不能住在外居市長市。如果想住在外居市長市以外的地方，那麼他就是個外居市長，所以必須住在外居市長市。

外居市長市的市長

外居市長市
=
外居市長必須住在這裡。
外居市長以外的人不能住
在這裡。

外居市長市的市長如果想住在外居市長市，則……

外居市長市

外居市長市的市長

不再是外居市長，所以不能住在
外居市長市。

外居市長市的市長如果想住在外居市長市以外的地方，則……

外居市長市以外的地方

外居市長市的市長

成為外居市長，所以必須住在外居市長市。

無論勝訴敗訴，彼此都是贏家!?

　　古希臘辯論家普羅達哥拉斯收了一個極有才華的學生。這個學生十分貧窮，所以普羅達哥拉斯願意免費教他辯論術，但是約定了以下這項條件。

　　「學生完成辯論術的學習後，如果第一場官司勝訴，就必須支付全額的學費。」

　　後來，學生完成了辯論術的學習，但是一直沒有打算從事法律的工作。普羅達哥拉斯等得不耐煩，於是上法院控告學生，要求學生支付學費。

　　在法庭上，普羅達哥拉斯做了這樣的陳述。

　　「學生在我這裡學了辯論術，卻不從事法律的工作，顯然不打算支付學費，這就違反了約定。如果這場官司學生敗訴了，他當然必須支付學費。如果這場官司學生勝訴了，因為他是在第一場官司勝訴，所以依照當初的約定，他也必須支付學費。」

　　也就是說，普羅達哥拉斯主張，不論這場官

普羅達哥拉斯的主張

［如果學生敗訴］
學生當然必須繳納學費。

［如果學生勝訴］
因為學生第一場官司獲勝，所以依照當時的約定，必須繳納學費。

普羅達哥拉斯

司的結果如何，學生都應該支付學費。

另一方面，學生則提出反駁。

「如果這場官司我勝訴了，那麼按照法律，我當然不必支付學費。但是，如果這場官司我敗訴了，那麼我的第一場官司並沒有勝訴，按照當初的約定，我並沒有支付學費的義務。」

如此這般，學生也和普羅達哥拉斯一樣，主張不論這場官司的結果如何，都不必支付學費。究竟誰的主張才正確呢？或者，兩個人的主張都正確？

有人提出解決這個「普羅達哥拉斯悖論」（Protagoras's Paradox）的方案。假設學生在這場官司勝訴，但沒有依照當初的約定支付學費。這時普羅達哥拉斯只要再控告學生一次就行了。這麼一來，至少學生就不能再像第一場官司那樣，主張「如果這場官司我敗訴了，那麼我的第一場官司並沒有勝訴，按照當初的約定，我並沒有支付學費的義務。」

學生的主張

[如果學生勝訴]
依照法律所定，當然不必繳納學費。

[如果學生敗訴]
因為學生第一場官司沒有獲勝，所以依照當時的約定，沒有繳納學費的義務。

學生

探索「無法在19個文字以內描述的最小的自然數」！

「1」這個數字，可以寫成「一」或「壹」等形式，也可以描述成「自然數中最小的數」之類的句子。又例如「5」，可以描述成「小於10且為5之倍數中最大的數字」等句子。

那麼，想想看，有沒有符合以下這句所描述的數呢？

「無法在19個文字以內描述的最小的自然數」

在這裡要注意的是，這個句子明確指涉某一個自然數。自然數有無限多個，所以如果尋找無法在19字以內描述的自然數，一定會有無數

個。只要從其中挑出最小的一個數就行了。

但是，這裡隱藏著一個重大的悖論。請仔細閱讀這個句子。「無法在19個文字以內描述的最小的自然數」這個句子本身有19個字，所以，它所要求的「無法在19個文字以內描述的最小的自然數」，正好可以用19個字完成描述。也就是說，「無法在19個文字以內描述的最小的自然數」並不存在。

提出「羅素悖論」（參照第58～59頁）的羅素，聽到英國一名圖書館館員培里（George Godfrey Berry，1867～1928）向他闡述之後，在論文中提出這個悖論，因此稱為「培里悖論」（Berry's paradox）。

「無法在19個文字以內描述的最小的自然數」存在嗎？

無法在 19 個文字以內描述的最小的自然數

● 數數看這個句子的字數，則……

無 法 在 １ ９ 個 文 字 以 內 描 述 的 最 小 的 自 然 數
↑ ↑ ↑ ↑ ↑ ↑ ↑ ↑ ↑ ↑ ↑ ↑ ↑ ↑ ↑ ↑ ↑ ↑ ↑
① ② ③ ④ ⑤ ⑥ ⑦ ⑧ ⑨ ⑩ ⑪ ⑫ ⑬ ⑭ ⑮ ⑯ ⑰ ⑱ ⑲

可以在 19 字以內完成描述！

結論：「無法在19個文字以內描述的最小的自然數」不存在

即使明確定義，還是會遇到無法確定的情形

這裡要介紹由法國數學家理察（Jules Richard，1862～1956）提出的「理察悖論」（Richard's paradox）。在這裡，我們把能明確表示從0到1之間的數的句子，稱為「理察句」。例如，「一的十分之一的數」為「0.1」、「一的五分之一的數」為「0.2」、「圓周率減去三的數」為「0.14159265……」等等。

把這些理察句排列並加上編號。排列的方式依照理察句的字數由少至多依序排列，字數相同則依照「筆畫數」。以上面的例子來說，就是排列成「0.1」，「0.2」，「0.14159265……」。現在，我們依照以下所示的理察句A來定義某個數吧！

如果沿用前面的例子，第1個數為「0.1」的話，則由於小數點以下第1位數字不是0，所以把這個數的小數點以下第1位數字定為「0」；第2個數為「0.20……」的話，則由於小數點以下第2位數字是0，所以把這個數的小數點以下第2位數字定為「1」；這個數的小數點以下第3位及其後的數字，也依同樣的方式定為「0」或「1」。

這個理察句A，當然無論排在第幾個都存在。假設為第M個，便在想要決定這個數的小數點以下第M位數字時，出現問題了。為什麼呢？因為這個時候須參照本身的小數點以下第M位數字，所以陷入無法決定0或1的狀況。

符合以下定義的數存在嗎？

<定義（理察句A）>
這個數的小數點以下第 n 位數字，當第 n 個理察句表示的數的小數點以下第 n 位數字是 0 時定為 1，不是 0（亦即1～9）時定為 0。

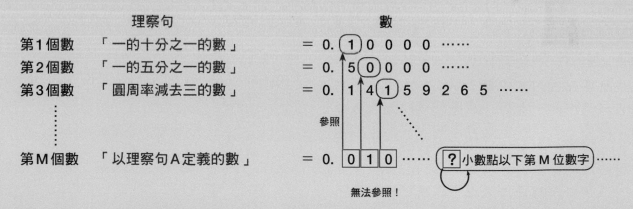

因為必須參照本身的小數點以下第 M 位數字，所以

小數點以下第 M 位數字無法決定是 0 或 1！

結論：「以理察句 A 定義的數」無法決定

各式各樣的自我指涉性悖論

以第52～53頁介紹的「說謊者悖論」為代表的「自我指涉性悖論」，是因為指涉的對象包含自己在內而產生的悖論。自我指涉性悖論還有各種變化版本，以下介紹幾個代表性例子。

有一個「例外悖論」。假設某個人說：「任何規則都有例外。」這句話本身也是一個規則，所以必須符合「任何規則都有例外」的規範，亦即這個規則（說詞）也會有例外。如果這個人的說詞為真，則表示這個說詞沒有例外，亦即這個規則沒有例外，但這麼一來，就和「任何規則都有例外」產生了矛盾。反之，如果這個人的說詞為假，則表示「有些規則沒有例外」，也是和「任何規則都有例外」相互間產生了矛盾。

另外，再介紹一個「禁止張貼」的例子。這張告示紙提出了「這面牆壁禁止張貼！」的主張，那麼這張告示紙本身是不是也不能貼在這面牆壁上呢？類似的悖論還有「禁止塗鴉」的例子，在牆壁上寫「禁止塗鴉！」的標語，這個行為有沒有違反了自己的主張呢？

最後，介紹一個在說明第58～59頁的「羅素悖論」時經常採用的例子，那就是與圖書館的藏書目錄有關的悖論。

圖書館把藏書全部整理成目錄。由於藏書目錄也是圖書館裡的一本書，所以它本身也記載於藏書目錄裡面。但是，這座圖書館的藏書目錄有很多本，也有一些藏書目錄沒有把自己記載進去。現在想要製作一本新的藏書目錄，只記載這些沒有記載藏書目錄本身的藏書目錄。那麼，這本新的藏書目錄應不應該把自己也記載進去呢？

如果記載，就成為「有記載藏書目錄本身的藏書目錄」，這和「只記載『沒有記載藏書目錄本身的藏書目錄』的新藏書目錄」的定義產生了矛盾，所以不能記載；如果不記載，就成為「沒有記載藏書目錄本身的藏書目錄」，亦即成為新藏書目錄的記載對象，所以必須記載。就這樣，落入了記載與不記載的無限循環。

禁止張貼悖論

這張告示紙上頭寫著「這面牆壁禁止張貼！」，但它也張貼在牆壁上，牴觸了告示的主張。這張告示紙本身有沒有違反規定呢？

這面牆壁
禁止張貼！

禁止塗鴉悖論

這則「禁止塗鴉！」的標語本身也是塗鴉，牴觸了標語的主張。這則標語有沒有違反規定呢？

禁止塗鴉！

例外的悖論

某個人說：「任何規則都有例外。」這句話究竟是真是假，產生了矛盾。

說詞：「任何規則都有例外。」

假設這個說詞為真，則……
表示這個規則沒有例外，但這麼一來，就和說詞所述的「任何規則都有例外」產生了矛盾。

假設這個說詞為假，則……
表示「有些規則沒有例外」，也是和說詞所述的「任何規則都有例外」產生了矛盾。

藏書目錄悖論

「只記載『沒有記載藏書目錄本身的藏書目錄』的新藏書目錄」
不論有沒有記載其本身，都會產生矛盾。

有記載藏書目錄
本身的藏書目錄

記載

沒有記載藏書目錄
本身的藏書目錄

記載

只記載「沒有記載藏書目錄本身的藏書目錄」的新藏書目錄

＜如果記載的話……＞
會成為「有記載藏書目錄本身的藏書目錄」，所以不能記載於這個藏書目錄。

＜如果不記載的話……＞
會成為「沒有記載藏書目錄本身的藏書目錄」，所以必須記載於這個藏書目錄。

這個新的藏書目錄本身，應該或不應該記載於這個新的藏書目錄呢？

因為互相指涉對方而產生矛盾

在這裡,要介紹把自我指涉性悖論擴張而形成的「相互指涉性悖論」(cross-reference paradox)。首先,我們來思考一下,下面這段蘇格拉底(Socrates,前470～前399)和柏拉圖(Plato,前427～前347)的對話吧!蘇格拉底是古希臘的哲學家,而柏拉圖則是他的學生。

蘇格拉底說:「柏拉圖說的話是真的。」

柏拉圖說:「蘇格拉底說的話是假的。」

假設蘇格拉底的說詞是真的!這麼一來,柏拉圖所說的「蘇格拉底說的話是假的」便是真的,所以,蘇格拉底的說詞是假的,這就和最初的假設產生了矛盾。

相反地,假設蘇格拉底的說詞是假的,那麼柏拉圖所說的「蘇格拉底說的話是假的」便是假的,所以,蘇格拉底的說詞是真的,這也是

蘇格拉底和柏拉圖的說詞

蘇格拉底的說詞:　柏拉圖說的話是真的

柏拉圖的說詞:　蘇格拉底說的話是假的

如果蘇格拉底的說詞是真的,則……

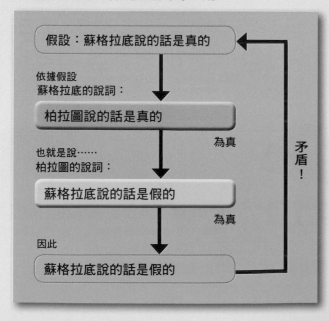

假設:蘇格拉底說的話是真的

依據假設
蘇格拉底的說詞:
柏拉圖說的話是真的
　　　　　　　　　　　為真

也就是說……
柏拉圖的說詞:
蘇格拉底說的話是假的
　　　　　　　　　　　為真

因此
蘇格拉底說的話是假的

矛盾!

如果蘇格拉底的說詞是假的,則……

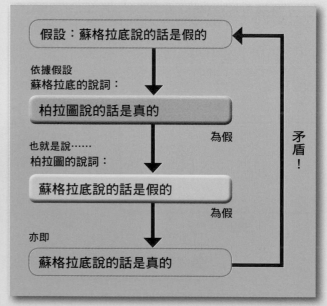

假設:蘇格拉底說的話是假的

依據假設
蘇格拉底的說詞:
柏拉圖說的話是真的
　　　　　　　　　　　為假

也就是說……
柏拉圖的說詞:
蘇格拉底說的話是假的
　　　　　　　　　　　為假

亦即
蘇格拉底說的話是真的

矛盾!

和最初的假設產生了矛盾。

由此可知，雖然各自的說詞並沒有自我指涉，但因為兩人的說詞互相指涉對方，有可能會變成產生悖論的結構。

再介紹另一個相似的例子。這是英國數學家菲力普‧儒爾登（Philip Edward Bertrand Jourdain，1879～1919）在1913年提出的「卡片悖論」（card paradox），也稱為「儒爾登悖論」（Jourdain's paradox）。有一張卡片，正面和背面分別寫著一句話，如下所示。

正面：「這張卡片背面所寫的句子是真的。」
背面：「這張卡片正面所寫的句子是假的。」

這個悖論也是和前一個例子一樣，如果正面的句子為真，則背面的句子為真，這麼一來，正面的句子就變成假的。反之，如果正面的句子為假，則背面的句子為假，這麼一來，正面的句子就變成真的。不論哪一種情形，都會產生矛盾。 ☁

卡片悖論

正面　　卡片背面所寫的句子是真的　　　　卡片正面所寫的句子是假的　　　背面

如果卡片正面的句子是真的，則⋯⋯

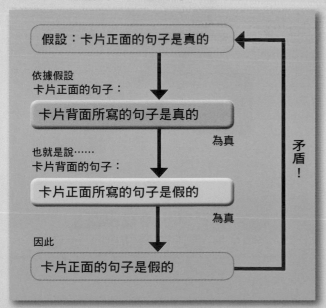

如果卡片正面的句子是假的，則⋯⋯

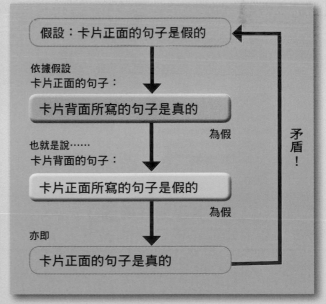

提供錯誤資訊的誠實人和說出正確資訊的

　　最後，介紹把自我指涉性悖論再稍微擴展一點的自我意識悖論（self—consciousness paradox）。

　　你想要和一位10年來都沒有見過面的朋友 X 小姐碰面。但10年來一直沒有聯絡，不知道 X 小姐現在人在哪裡。因此，你就找了幾位共同的朋友 A 先生、B 先生、C 先生、D 先生，想打聽 X 小姐的下落。事實上，X 小姐目前居住在美國。

　　A 先生知道 X 小姐的地址，而且是個誠實的人。因此，當你向他打聽 X 小姐的地址時，他馬上告訴你「X 小姐在美國」的正確資訊。另一方面，B 先生也知道 X 小姐的地址，但他是個愛說謊的人。因此，他告訴你「X 小姐在巴西」的錯誤資訊。

　　那麼，C 先生呢？C 先生是一個誠實的人，但是他誤信「X 小姐目前住在巴西」的錯誤資訊，所以他在不自覺錯誤的情況下，告訴你

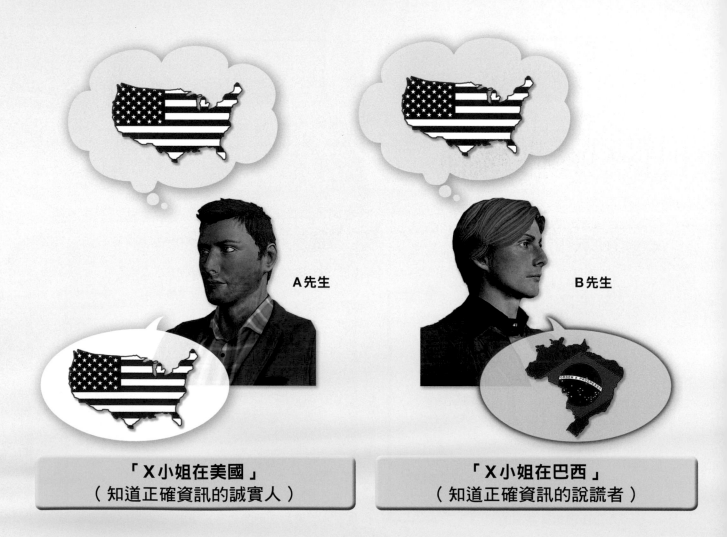

A先生

B先生

「X小姐在美國」
（知道正確資訊的誠實人）

「X小姐在巴西」
（知道正確資訊的說謊者）

說謊者……，哪一個才是說了謊話的人？

「X小姐在巴西」。另一方面，D先生也和C先生一樣，誤信「X小姐目前住在巴西」的錯誤資訊，但是他和C先生不一樣，老是愛說謊，所以D先生告訴你「X小姐在美國」的（他自以為的）錯誤資訊。

那麼，在這些人當中，說謊的人究竟是誰呢？或許有很多人會認為，故意說謊的B先生和D先生是說謊的人吧！不過。在這裡必須注意一下。D先生雖然可以說是想要說謊，但結果他卻說出了正確的事實。相反地，C先生雖然並沒有想要說謊，但結果卻是提供了錯誤的資訊。

因此，也有人認為，如上所述，如果以「說出的事情是事實，或不是事實」為基準，則說出內容與事實不符的B先生和C先生才是說謊的人。

那麼，你認為誰說了謊話呢？

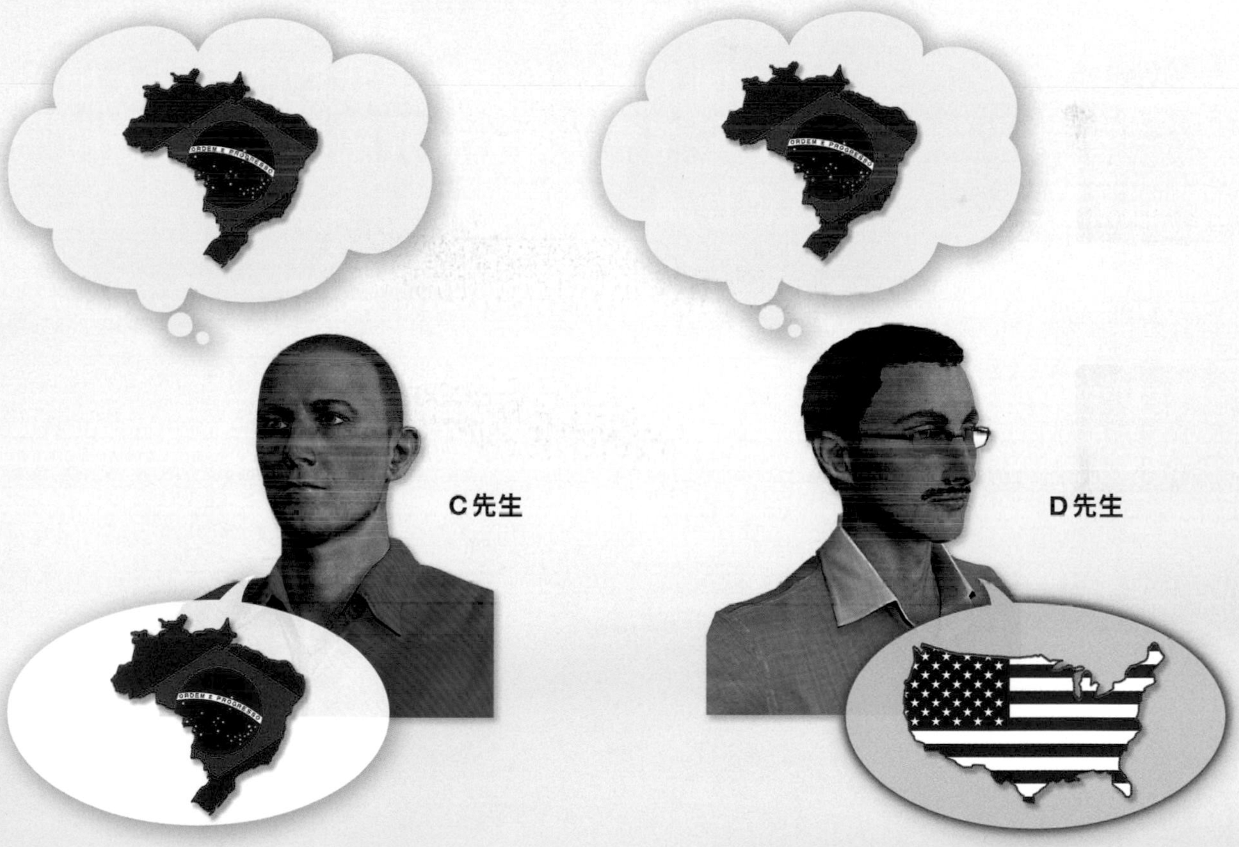

「X小姐在巴西」 （誤信錯誤資訊的誠實人）	「X小姐在美國」 （誤信錯誤資訊的說謊者）
想要說謊的 B先生、D先生 ↓ 說了謊話？	說了謊話（錯誤資訊）的 B先生、C先生 ↓ 說了謊話？

C先生

D先生

4

機率的悖論

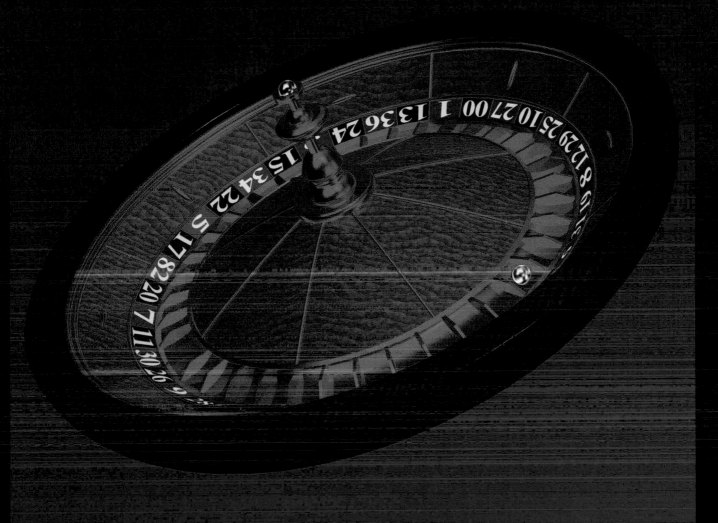

連續5次出現「黑」，下次就會出現「紅」!?

有一天，一個賭徒進入賭場玩輪盤。這家賭場的輪盤規則很單純，就是猜測珠子會落在紅色或黑色的哪一色格子而下注。輪盤上有相同數量的紅色格子和黑色格子。

第一次的結果是黑。接下來，第2次的結果也是黑，第3次也是黑，第4次和第5次的結果也是黑。

這個賭徒確認了這個輪盤沒有暗藏機關，因此，賭徒做了以下的思考。

「連續5次出現黑的機率是 $\frac{1}{2} \times \frac{1}{2} \times \frac{1}{2} \times \frac{1}{2} \times \frac{1}{2} = \frac{1}{32}$。下次又出現黑而連續6次出現黑的機率是1/64，也就是說，只有1.5625%。所以，下次有高達98%以上的機率會出現紅。好，下次就押大把賭金，賭紅吧！」

賭徒這個想法究竟正不正確呢？先說結論，賭徒這個想法是錯的。如果是紅和黑的機率為 $\frac{1}{2}$ 的輪盤，則每次出現紅的機率都是 $\frac{1}{2}$，和過去的結果沒有關係。

輪盤的規則

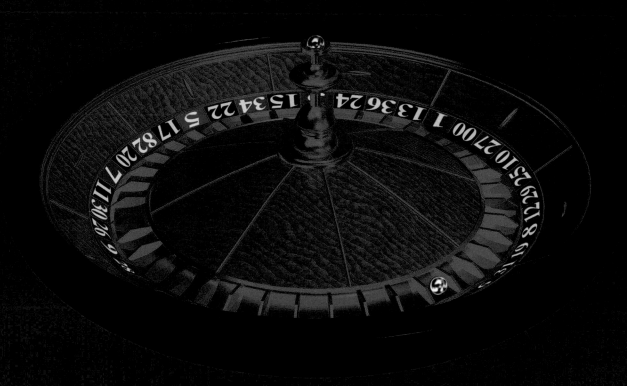

・猜測珠子會落在紅色或黑色的哪一色格子而下注。
・輪盤上有相同數量的紅色格子和黑色格子。

剛才賭徒計算了連續 6 次出現黑的機率為 1.5625％，這個值是「連續 6 次出現黑」的機率，並非「下次出現黑的機率」。下次出現黑的機率，和出現紅的機率一樣，都是 $\frac{1}{2}$。過去的結果並不會影響未來。

的確，當連續好幾次都出現相同顏色的時候，往往會產生「下次就會出現其他顏色了吧？」的心理。在平日的生活中也是一樣，如果一直都很成功的話，難免會有「恐怕失敗就要降臨了吧？」的不安感。這一類的錯覺稱為「賭徒謬誤」（gambler's fallacy）。所謂的謬誤，就是「錯誤」的意思。

機率這種東西，如果只看短期（玩輪盤的次數較少），往往會出現與真正的機率天差地遠的結果，而產生「荒謬」的情形。但是，如果長期來看（玩輪盤的次數較多），就會出現貼近真正機率的「穩定」結果。　✍

輪盤連續 5 次出現「黑」！

第 1 次	第 2 次	第 3 次	第 4 次	第 5 次	第 6 次
黑	黑	黑	黑	黑	？

下次就是紅？

賭徒的誤解
連續 6 次出現黑的機率為

$$\frac{1}{2} \times \frac{1}{2} \times \frac{1}{2} \times \frac{1}{2} \times \frac{1}{2} \times \frac{1}{2} = \frac{1}{64}$$

也就是說，只有1.5625％。下次出現紅的機率高達98％以上！所以打算押大把賭金在紅。

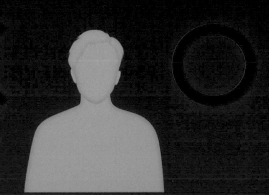

這個想法錯誤（賭徒謬誤）。
連續 6 次出現黑的機率為1.5625％，這個值是「連續 6 次出現黑」的機率，並非「下次出現黑的機率」。

正確的機率是 $\frac{1}{2}$
如果是紅和黑的機率各為 $\frac{1}{2}$ 的輪盤，則每次出現紅的機率都是 $\frac{1}{2}$，和過去的結果沒有關係。下次出現黑的機率也是 $\frac{1}{2}$。過去的結果並不會影響未來。

公貓和母貓以什麼樣的組合出生的可能性

假設你有一戶鄰居，家裡的寵物貓生了4隻小貓。這些小貓養到某個程度的大小之後，要全部送給你養。如果這些小貓有公有母的話，你打算準備兩個房間，一間養公貓，一間養母貓。但因為必須考慮每個房間要多大才夠用，所以你非常在意生下的小貓之中，公的和母的各有幾隻。

如果把剛出生的小貓按性別做組合，則有全

部是公貓（母貓），或3隻公貓（母貓）及1隻母貓（公貓），抑或是公貓和母貓各2隻這幾個組合方式。

生出的小貓是公或母的機率相同，都是 $\frac{1}{2}$。因此，你會不會這樣想呢？「公貓和母貓的出生比例為1：1，是最有可能發生的情況。也就是說，4隻小貓中有2隻公貓和2隻母貓的可能性最高。」那麼，究竟你的直覺對

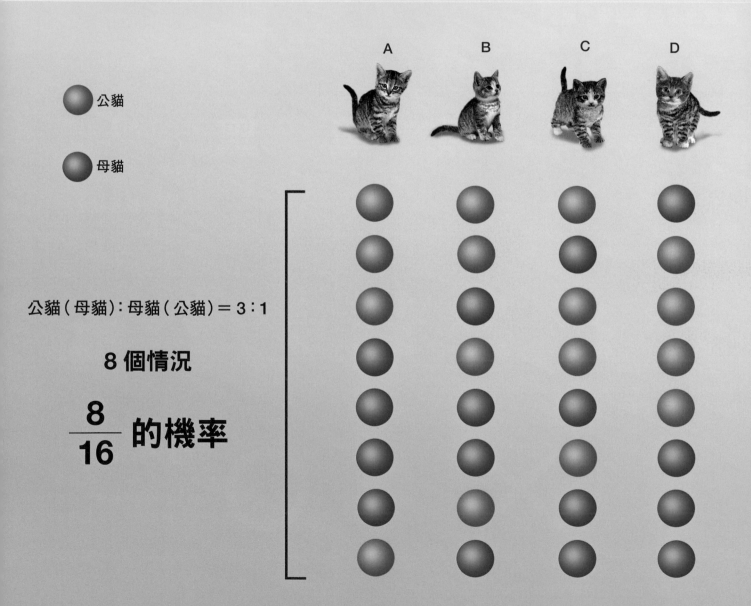

公貓

母貓

公貓（母貓）：母貓（公貓）＝3：1

8 個情況

$\frac{8}{16}$ **的機率**

比較高？

不對呢？

　　現在，把 4 隻小貓分別編號為 A、B、C、D，然後把每隻小貓是公或母所有可能性的組合排列成下表。每隻小貓為公或母均有 2 個可能性，所以 4 隻小貓共有2⁴個，亦即16個可能的情況。

　　由表可知，公貓和母貓以 1：1 比例出生的組合共有 6 個情況。在所有的16個情況當中，以 1：1 比例出生的 6 個情況可能發生的機率為6/16。

　　另一方面，公貓及母貓（或者母貓及公貓）以 3：1 比例出生的組合共有 8 個情況。也就是說，這種組合可能發生的機率為8/16。

　　和直覺不一樣，公貓及母貓（或者母貓及公貓）以 3：1 比例出生的機率最高，勝過公貓和母貓以 1：1 比例出生的機率。　　　　🪐

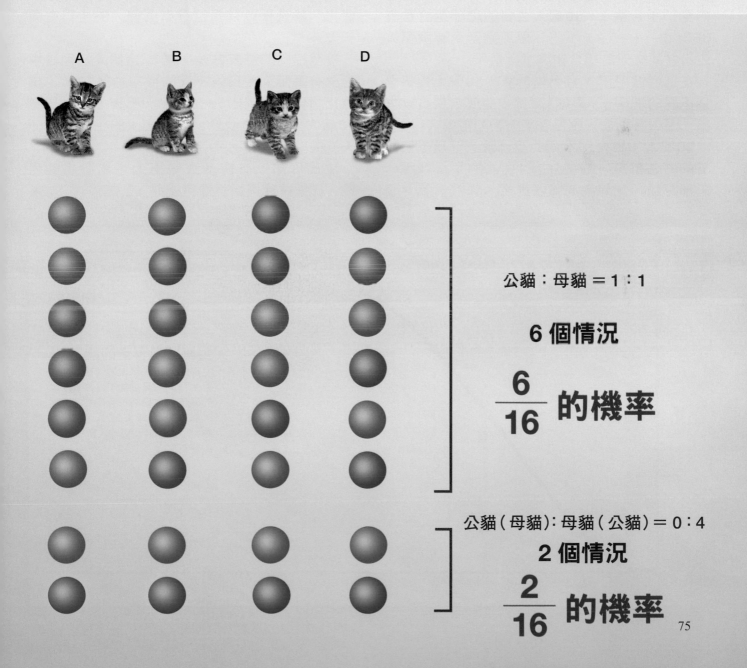

A　B　C　D

公貓：母貓 ＝ 1：1

6 個情況

$\dfrac{6}{16}$ **的機率**

公貓（母貓）：母貓（公貓）＝ 0：4

2 個情況

$\dfrac{2}{16}$ **的機率**

要有多少人在一起才會有兩個人的生日在同一天呢？

請思考一下這個問題吧！

「多少人在一起，就能使至少有兩個人生日在同一天的機率為百分之五十呢？」

假設不考慮閏年，以365天為一年，且每天都有一個人生日的話，則365個人就能填滿每一天，366個人就能以100%的機率發生至少有兩個人生日在同一天。不過，由於要求的機率為50%，所以應該是遠低於366個人就能達到這個機率吧？姑且以50個人試著算算看。

在這個狀況下，所要求的機率為（至少有兩個人生日在同一天的組合數）÷（50個人生日的全部組合數）。50個人生日的全部組合數有36550——<A>。不過，要算出至少有兩個人生日在同一天的組合數非常麻煩。

在這個狀況下，我們先計算「50個人生日全都不同的機率」，再從1減掉這個值，就可以求出「至少有兩個人生日在同一天的機率」。

50個人生日全都不同的組合數，可以依照如下的方法計算。首先，第1個人的生日在哪一天都可以，所以有365個選擇。其次，第2個人的生日，必須避開第1個人的生日，所以有365-1＝364個選擇。接著，第3個人的生日，必須避開第1個人和第2個人的生日，所以有365-2＝363個選擇。依此類推，直到第50個人的生日。因此，50個人生日全都不同的組合數一共有365×364×363×……×（365-49）—— <B>。

再來，50個人的生日全都不同的機率為B÷A，由此算得約為0.03。因此，「至少有兩個人生日在同一天的機率」為1-0.03＝0.97＝97%。也就是說，依照計算的結果，只要有50個人，就幾乎可以篤定會有兩個人的生日在同一天。

按照相同的計算方法，若有30個人，則其中至少有兩個人生日同一天的機率約為70%。這也比題目所要求的50%還多。事實上，只要有23個人，就能達到至少有兩個人的生日在同一天的機率為50%。

由此可知，有許多直覺不太可能發生的現象，機率往往遠比想像得還高。　　　　🪐

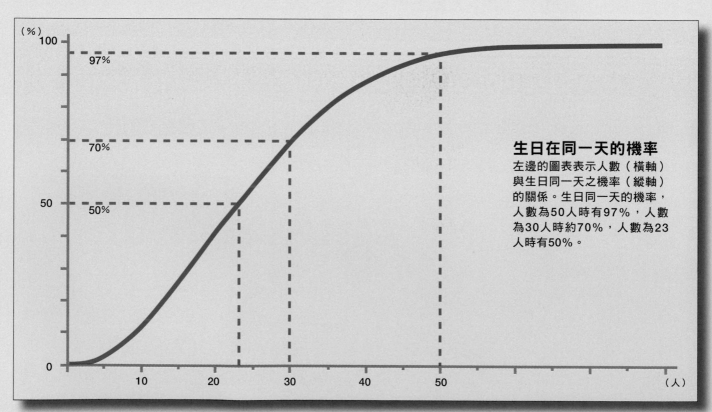

生日在同一天的機率
左邊的圖表表示人數（橫軸）與生日同一天之機率（縱軸）的關係。生日同一天的機率，人數為50人時有97%，人數為30人時約70%，人數為23人時有50%。

50個人當中，至少有兩個人生日是同一天的可能性有多高？

如果把50個人的生日換成「放在365個格子裡的50顆球」，則會如何？

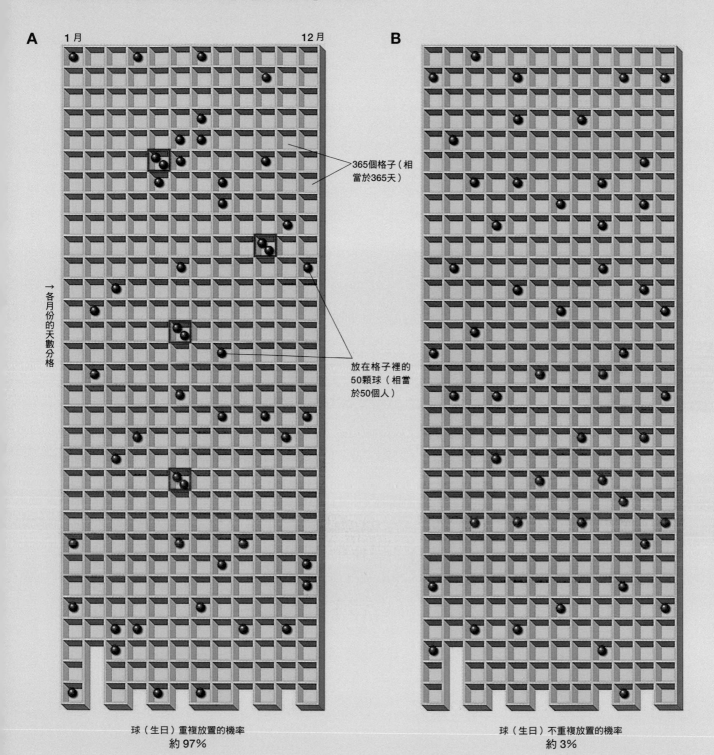

A 1月　　　　　　　　　　12月

→各月份的天數分格

365個格子（相當於365天）

放在格子裡的50顆球（相當於50個人）

球（生日）重複放置的機率
約97%

B

球（生日）不重複放置的機率
約3%

把50個人的生日換成「放在365個格子裡的50顆球」來思考看看。

A是把球一顆顆放入利用電腦隨機挑選的格子裡（由編輯部施行）。在這個狀況下，某個格子裡放了2顆以上的球（生日在同一天）的機率高達大約97%。

另一方面，B是以同一格不可以重複放球為前提，特意把50顆球分開放置的狀況為例。球全部單獨放置（沒有人跟別人生日為同一天）的機率只有大約3%。

這個箱子裝著金幣和銀幣的機率有多大？

在此介紹法國數學家伯特蘭（Joseph Bertrand，1822～1900）提出的「伯特蘭箱子悖論」（Bertrand's box paradox）。

在你的面前擺著三只箱子。每只箱子的內部都有隔板，分成左右兩個小格。箱子的蓋子也是分成兩片，可以分別打開左邊及右邊的分格。當然，從箱子外面看不到箱子內部。

現在，有人告訴你：「這三只箱子當中，有一只是左右兩邊都裝著金幣，一只都裝著銀幣，還有一只是一邊裝金幣、一邊裝銀幣。」

（參照左頁下方的插圖）

那麼，你從三只箱子中挑一只，選中一邊裝金幣、一邊裝銀幣的箱子的機率有多大？因為是三選一，機率當然是 $\frac{1}{3}$。對於這一點，應該沒有問題。

第二個問題：你挑了一只箱子，打開右邊箱蓋。假設裡面裝著金幣。在這個狀況下，這個箱子一邊裝金幣、一邊裝銀幣的機率有多大？由於這個箱子裝有金幣，可見它一定不是兩邊都裝著銀幣的箱子。因此，範圍縮小到剩下兩

你的面前擺著三只箱子

現在，你的面前擺著三只箱子。每只箱子的內部都有隔板，隔成左右兩個小格。其中一個箱子裝著兩枚金幣，一個箱子裝著兩枚銀幣，一個箱子裝著一枚金幣和一枚銀幣。實際上，從箱子外面看不到箱子內部。箱蓋分成兩片，左右兩邊可以分別打開。

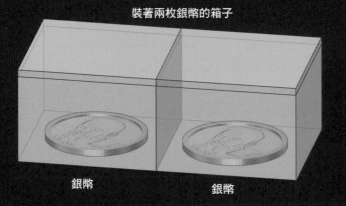

裝著兩枚銀幣的箱子

銀幣　　銀幣

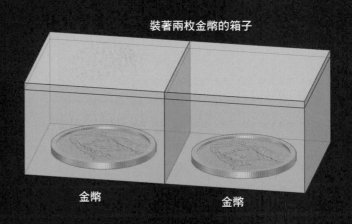

裝著兩枚金幣的箱子

金幣　　金幣

裝著一枚金幣和一枚銀幣的箱子

銀幣　　金幣

種情況，所以機率是 $\frac{1}{2}$。這樣的想法對嗎？

假設箱子的右邊裝著銀幣，那麼，它一定不是兩邊都裝著金幣的箱子。因此，和剛才的狀況一樣，機率是 $\frac{1}{2}$。

也就是說，不論你所選的箱子，右邊是裝著金幣也好，或裝著銀幣也好，機率都會從 $\frac{1}{3}$ 變成 $\frac{1}{2}$。但是，再仔細想一下。箱子右邊不是裝著金幣，就是裝著銀幣，這件事是在打開箱蓋之前就已經知道了。在打開箱蓋的時候，你只是確認已經知道的事情而已，亦即資訊量並沒有增加，為什麼機率會從 $\frac{1}{3}$ 變成 $\frac{1}{2}$ 呢？不覺得奇怪嗎？

事實上，這個問題的答案是 $\frac{1}{3}$。如果你選取

的箱子是右邊裝著金幣，就可以排除它是兩邊都裝著銀幣的箱子，亦即你選取的箱子是兩邊都裝著銀幣的箱子的機率是 0，這個想法並沒有問題。所以剩下兩個情況：若不是兩邊都裝著金幣的箱子，就是一邊裝金幣、一邊裝銀幣的箱子。這裡總共有3枚金幣（G1、G2、G3），其中的 2 枚（G1、G2）裝在兩邊都裝著金幣的箱子裡，1 枚（G1）裝在一邊裝金幣、一邊裝銀幣的箱子裡。所以，你看到的金幣為G1或G2的機率是 $\frac{2}{3}$（3 枚中的 1 枚）。亦即，你選取的箱子為兩邊都裝著金幣的機率是 $\frac{2}{3}$，選到一邊裝金幣、一邊裝銀幣的機率是 $\frac{1}{3}$。 🪐

你選的箱子裝著金幣和銀幣的機率有多大？

你選了一只箱子，打開右邊的箱蓋，裡面裝著金幣。這個箱子裡裝著金幣和銀幣的機率有多大？

答案是 $\frac{1}{2}$？

因為選取的箱子裝著金幣，所以排除它裝著兩枚銀幣的可能性。因此，剩下兩個情況。這個箱子裝著金幣和銀幣的機率為兩個中的一個。因此，機率是 $\frac{1}{2}$。

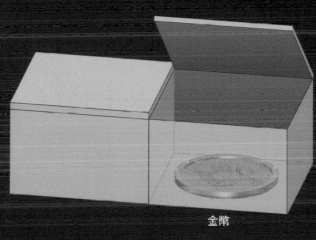

金幣

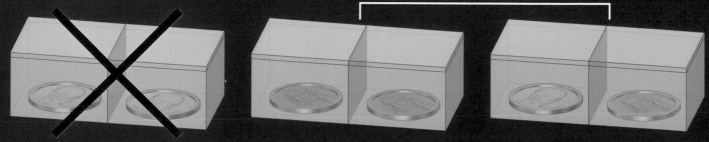

排除裝著兩枚銀幣的箱子

剩下兩個可能性。因此機率是 $\frac{1}{2}$？

正確的機率是 $\frac{1}{3}$

箱子的右邊裝著金幣，因此，這若不是個裝著兩枚金幣的箱子，就是裝著一枚金幣及一枚銀幣的箱子。這裡總共有 3 枚金幣，其中 2 枚位於兩邊都裝著金幣的箱子裡，所以你選到兩邊都裝著金幣的箱子的機率是 $\frac{2}{3}$。由此可知，你選到一邊裝金幣、一邊裝銀幣的箱子的機率是 $\frac{1}{3}$。

被處決的機率降低了嗎？

A、B、C 這 3 個人結夥犯案。有一天，這夥人發現了傳說中藏著寶物的小島，但是在前往挖寶的途中，3 個人都被捕了。

3 個人由於過去犯下的重大罪行而被判處死刑。如果 3 個人都被處決，就不會有人知道寶藏的地點了。因此，他們和法官達成協議，條件是 3 個人之中有 2 個人會被處決，剩下的 1 個人可以獲釋，但必須透露寶藏的地點。

這 3 個人之中，誰會獲釋呢？據說這件事已經用抽籤的方式決定了，每個犯人獲釋的機率是 $\frac{1}{3}$，但是這 3 個人並不知道誰會獲釋。

A 犯人問獄卒：「我會被處決嗎？」獄卒只回答：「那是祕密。」於是 A 犯人對獄卒說：「3 個人當中有 2 個人會被處決，所以 B 犯人和 C 犯人之中應該有一個人會被處決。就算你告訴我是哪一個會被處決，我應該也不知道自己會不會被處決吧！所以，請你告訴我，B 犯人或 C 犯人哪一個會被處決。」獄卒回答：「B 會被處決。」

A 犯人得知 B 犯人會被處決，心裡很高興，因為這麼一來，另一個會被處決的人就是 A 犯人或 C 犯人的其中一人，也就是說，他獲釋的

獄卒回答的形式

A 犯人獲釋的機率是 $\frac{1}{3}$。如果 A 犯人獲釋，獄卒回答「B 會被處決」或「C 會被處決」的機率是 $\frac{1}{2}$。如果 B 犯人獲釋，獄卒一定會回答「C 會被處決」。如果是 C 犯人獲釋，則獄卒一定會說「B 會被處決」。

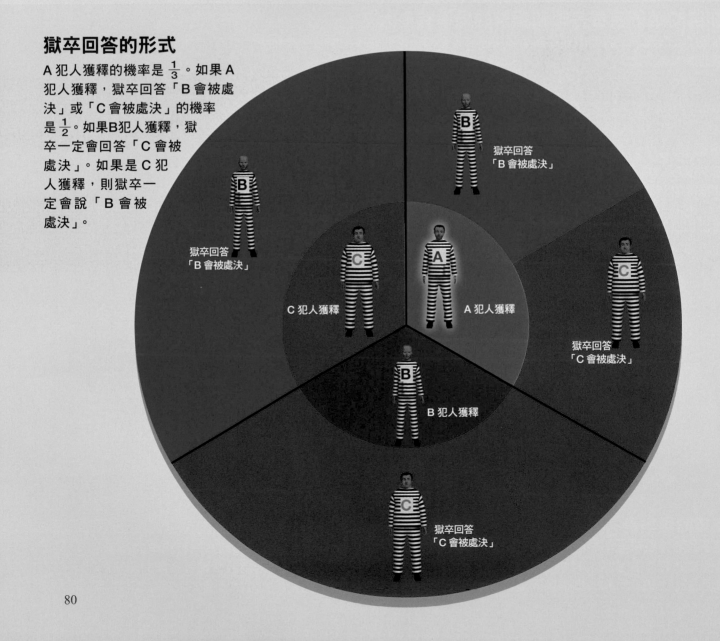

獄卒回答「B 會被處決」

獄卒回答「B 會被處決」

C 犯人獲釋

A 犯人獲釋

獄卒回答「C 會被處決」

B 犯人獲釋

獄卒回答「C 會被處決」

機率變成 $\frac{1}{2}$。究竟這個想法正不正確呢？

在沒有任何資訊的情況下，A 犯人獲釋的機率是 $\frac{1}{3}$。因此，假設真的是 A 犯人獲釋，在這個情況下，B 犯人和 C 犯人都會被處決。因此，獄卒對 A 犯人回答「B 會被處決」的機率和回答「C 會被處決」的機率相同。也就是說，要回答 B 或回答 C 是由獄卒來決定，機率各為 $\frac{1}{2}$。

接著，假設 B 犯人會獲釋，因為獄卒不能回答「A 會被處決」，所以只能回答「C 會被處決」。再來，假設 C 犯人會獲釋的情況，基於同樣的道理，獄卒只能回答「B 會被處決」

（參照左頁下方的插圖）。

然後，這次獄卒對 A 犯人的回答是「B 會被處決」。觀察右頁下方的插圖可知，獄卒「向 A 犯人說 B 會被處決」的形式，是 C 犯人會獲釋的所有情況，加上 A 犯人會獲釋的情況的一半。把這兩個形式合計，C 犯人會獲釋的機率是 $\frac{2}{3}$，A 犯人會獲釋的機率仍然是 $\frac{1}{3}$。A 犯人以為獲釋的機率提高了，結果其實是空歡喜一場。

這個「三囚犯困境」（three prisoners dilemma）和前頁所述的「伯特蘭箱子悖論」是完全相同的結構。　　　　　　　　　　✆

獄卒回答「B 會被處決」的情況

如果獄卒回答「B 會被處決」，則 C 犯人獲釋的機率是 $\frac{2}{3}$，A 犯人獲釋的機率是 $\frac{1}{3}$。也就是說，A 犯人獲釋的機率並沒有改變。

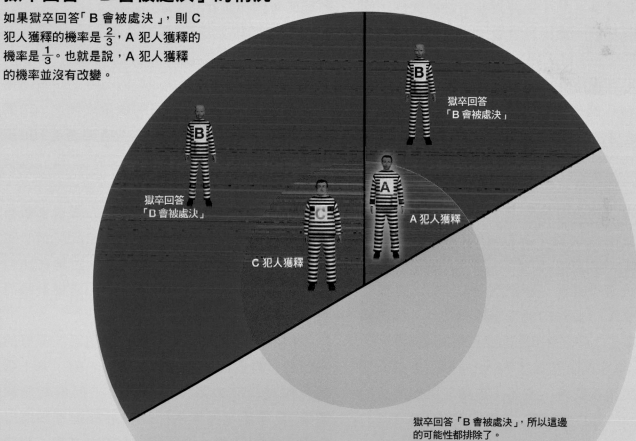

獄卒回答
「B 會被處決」

獄卒回答
「B 會被處決」

C 犯人獲釋

A 犯人獲釋

獄卒回答「B 會被處決」，所以這邊的可能性都排除了。

應該更改第一個選擇嗎？

在這裡介紹一個因為在直覺上非常難以理解而聞名的難題，稱為「蒙蒂・霍爾困境」（Monty Hall dilemma）。「蒙蒂・霍爾」這個名稱來自1960年代播映的美國電視節目「Let's make a deal」的主持人的名字。主持人和希望獲得獎品的挑戰者之間的鬥智，於是就引發了這個問題（打開門看到山羊即表示猜錯）。

在挑戰者面前有3扇門A、B、C。其中一扇門的後面放著獎品，其他兩扇門後沒有獎品。主持人知道獎品放在哪一扇門後面，挑戰者當然不知道。

挑戰者選擇A門。主持人暫不打開A門，而是先打開B門，讓挑戰者看清楚B門是猜錯的門。接下來，主持人提出建議。

「你可以維持最初選擇的A門。不過，如果你要改為C門也沒有關係哦！」那麼，挑戰者應該更改選擇嗎？

因為B門是猜錯的門，所以剩下A門和C門這兩個選項。是不是會有許多人這麼想：這樣的話，A門猜對的機率為2分之1，C門猜對的機率也同樣是2分之1，所以不論改不改都沒有差別。

但，正確答案是「應該改為C門」。在這個狀況下，A門猜對的機率是3分之1，C門猜對的機率是3分之2，這才是正確的機率。

1990年，美國雜誌『Parade』的專欄介紹這個問題和答案時，主張「這個答案錯誤」的讀者來函如雪片般飛來。（但答案是正確的！）

以極端的例子來思考比較容易理解

這個問題大多採取如下的說明方式。主持人在打開B門之前，A門猜對的機率為3分之1，A門猜錯的機率是3分之2。也就是說，有3分之2的機率，獎品藏在B門或C門後面。但是，現在主持人告訴挑戰者B門是錯的。因此，獎品有3分之2的機率藏在C門。

你能理解這樣的說明嗎？或許，還有一些人想不透吧！

我們把門的數量從3扇門增加到5扇門，再來思考看看吧！A門到E門之中僅有1扇門是正解。假設挑戰者選擇A門，然後主持人把B門、C門、D門逐一打開，讓挑戰者知道這些都是猜錯的門。這個時候，問題在於，維持最初選擇的A門比較有利呢？或是改為剩下還沒打開的E門比較有利？

在這個狀況之下，是不是會有一些讀者覺得「A門以外的猜對的可能性『濃縮』到E門了」呢？

再極端一點，假設把門的數量增加到100萬扇吧！這麼一來，就變成了「挑戰者從100萬扇門當中隨便亂猜而選擇的1扇門」和「挑戰者沒有選擇的99萬9999扇門當中唯一剩下的1扇門」這兩個選項，是不是會讓人覺得後者猜對的機率比較高呢？

總而言之，蒙蒂・霍爾困境可以說是在比較「隨便亂猜而猜對門的機率」和「隨便亂猜而猜錯門的機率」的問題。

說明到這裡，如果還不能理解的話，最好的方法就是自己試驗看看。2個人一組，拿1張紅色撲克牌和2張黑色撲克牌，反覆實施和蒙蒂・霍爾困境相同的問題，亦即進行猜測紅色撲克牌的遊戲。反覆玩個100次之後，應該就能確認換成其他撲克牌時的勝率接近3分之2。

3扇門當中，哪一扇是猜對的門？（蒙蒂·霍爾困境）

[狀況1]挑戰者選擇A門

[狀況2]主持人打開B門（留下C門）

在[狀況2]，如何計算「A門猜對的機率」和「C門猜對的機率」？

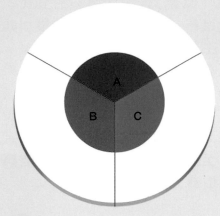 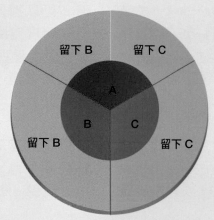 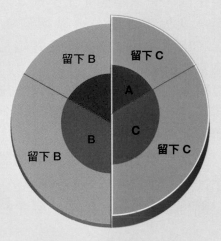

<步驟1>
在[狀況1]，「A門猜對」、「B門猜對」、「C門猜對」的機率都是3分之1。把這個情況以內側的3等分圓形圖來表示。

<步驟2>
思考一下，知道答案的主持人會留下哪一扇門不開。如果「A門猜對」會留下B門或C門（假設選擇任一扇門都是相同的機率），如果「B門猜對」必定會留下B門，「C門猜對」必定會留下C門。把這個情況以外側的圓形圖來表示。

<步驟3>
在[狀況2]，實際上是留下了C門（上方圓形圖中加厚的部分）。在這個狀況下，「A門猜對」的機率是3分之1，「C門猜對」的機率是3分之2。

如果增加到5扇門呢？

[狀況1]挑戰者選擇A門

 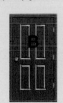  

[狀況2]主持人打開B門、C門、D門（留下E門）

在[狀況2]，如何計算「A門猜對的機率」和「E門猜對的機率」？

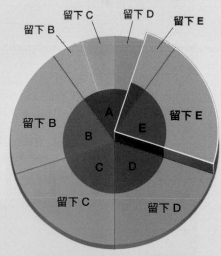

採取與3扇門情況相同的思考，可畫成上方的圓形圖。在主持人留下E門的狀況下，「A門猜對」的機率是5分之1，「E門猜對」的機率是5分之4。

你願意為這場豪賭下多少賭注呢？

來玩擲銅板的遊戲吧！一直擲銅板，直到出現正面為止。如果第1次就出現正面，可以得到1元；第1次出現反面，第2次出現正面，可以得到2元；前2次都出現反面，第3次出現正面，可以得到4元；前3次都出現反面，第4次出現正面，可以得到8元……。像這樣，出現正面之前的次數每增加1次，獎金就增為2倍。

順便提一下，如果第20次才出現正面，獎金將高達52萬4288元！因為獎金是倍數增加，所以如果連續出現反面，獎金就會很龐大。

不過，參加這個遊戲必須繳費。你覺得要繳多少錢，你還會想要挑戰呢？

通常，要判斷一個賭注划不划算，只要計算一下「期望值」就行了。所謂的期望值，意思是依機率所期望的數值（金額）。

例如，把1～13的撲克牌翻面蓋住，選取1張，可以得到和點數相同的獎金，也就是說，翻出幾點就可以得到幾元。這個遊戲的期望值，可以按照（獎金）×（機率）的公式，對所有的撲克牌進行計算，再把它們的積加起來就行了（參照左頁下方的插圖）。

計算之後，得到值望值為7。因此，如果玩這個遊戲要繳的金額在7元以下，對參加者來說比較有利。不過，通常賭局會把期望值設定在對參加者來說稍微不利的程度，最後必定是對莊家有利。至於要設定到什麼程度才能讓參加者接受，則依參加者個人而定。

● 遊戲的規則

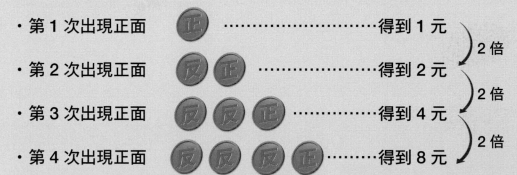

· 第1次出現正面　正　…………………………得到1元
· 第2次出現正面　反正　…………………………得到2元　　2倍
· 第3次出現正面　反反正　…………………得到4元　　2倍
· 第4次出現正面　反反反正　………………得到8元　　2倍

< 期望值的求法 > 從1～13的撲克牌中抽出一張，可以得到與點數相同的獎金

把1～13的撲克牌翻面蓋住，任意抽出一張，可以得到與點數相同的獎金，求這個遊戲的期望值。在這個狀況下，對所有的牌進行（獎金）×（機率）的計算，再把它們的積加起來就行了。計算之後，得到值望值為7。

撲克牌的獎金　機率

$1 \times \frac{1}{13}$　$2 \times \frac{1}{13}$　$3 \times \frac{1}{13}$　$4 \times \frac{1}{13}$　$5 \times \frac{1}{13}$　$6 \times \frac{1}{13}$　$7 \times \frac{1}{13}$　$8 \times \frac{1}{13}$　$9 \times \frac{1}{13}$　$10 \times \frac{1}{13}$　$11 \times \frac{1}{13}$　$12 \times \frac{1}{13}$　$13 \times \frac{1}{13}$

$$\frac{1}{13} + \frac{2}{13} + \frac{3}{13} + \frac{4}{13} + \frac{5}{13} + \frac{6}{13} + \frac{7}{13} + \frac{8}{13} + \frac{9}{13} + \frac{10}{13} + \frac{11}{13} + \frac{12}{13} + \frac{13}{13}$$

期望值 $= 7$

讓我們進行相同的計算，算算看銅板遊戲的期望值吧！第 1 次出現正面的機率為 $\frac{1}{2}$，獎金為 1 元；第 2 次首度出現正面的機率為 $\frac{1}{4}$，獎金為 2 元；第 3 次首度出現正面的機率為 $\frac{1}{8}$，獎金為 4 元……，依此類推，第 n 次首度出現正面的機率為 $\left(\frac{1}{2}\right)^n$，獎金 2^{n-1} 元。因此，

$$1 \times \frac{1}{2} + 2 \times \frac{1}{4} + 4 \times \frac{1}{8} + \cdots 2^{n-1} \times \left(\frac{1}{2}\right)^n + \cdots$$

$$= \frac{1}{2} + \frac{1}{2} + \frac{1}{2} + \frac{1}{2} + \frac{1}{2} + \frac{1}{2} + \cdots$$

照這個算法，期望值竟然是「無限大」。也就是說，依機率所期望的金額沒有上限。所以，即使參加費是 1 兆元，也值得你去挑戰這個遊戲。

你最先覺得願意繳多少錢來挑戰看看呢？應該沒有人會想要拿出 1 兆元吧？這個悖論是 1738 年由瑞士數學家白努利（Daniel Bernoulli，1700～1782）所提出，由於白努利住在聖彼得堡，所以稱為「聖彼得堡悖論」（St. Petersburg paradox）。

這個遊戲的期望值為無限大，這項計算本身並沒有錯誤。但是，實際上，到第 10 次才首度出現正面的機率只有 $\frac{1}{1024}$，而這個時候得到的獎金也才 512 元，所以絕大多數參加者能得到的獎金應該都不到 512 元。

而且，期望值為無限大，表示獎金沒有上限，前提是莊家能夠準備無限多的獎金，但這是不可能的事情。假設莊家準備的獎金預算是 1 億元，那麼只要連續 27 次出現反面，獎金就會超過 1 億元了，所以當連續 26 次出現反面的時候，這個遊戲就無法繼續下去了。在這個狀況下，它的期望值只有 14 元而已。

如果莊家具有無限的支付能力，能夠進行無限次的遊戲，那麼期望值確實可以達到無限大。但是這在現實上是不可能的。　　🪐

●計算這個遊戲的期望值

$$1 \times \frac{1}{2} + 2 \times \frac{1}{4} + 4 \times \frac{1}{8} + \cdots 2^{n-1} \times \left(\frac{1}{2}\right)^n + \cdots$$

$$= \frac{1}{2} + \frac{1}{2} + \frac{1}{2} + \frac{1}{2} + \frac{1}{2} + \cdots = \infty \quad \text{（無限大）}$$

期望值竟然是無限大！！

因此，即使參加費是 1 兆元，也值得挑戰這個遊戲嗎？
（聖彼得堡悖論）

實際上……
所謂的期望值無限大，是以獎金沒有上限，莊家可以準備無限多的獎金為前提。但這是不可能的事情。假設獎金的上限為 1 億元，則它的期望值算起來只有 14 元而已。

個別和總體的結果有可能完全相反!?

A 同學和 B 同學參加兩項測驗，總共有110道題目。參加測驗①的結果，A 同學在100道題目中答對60題，B 同學在10道題目中答對9題。而參加測驗②的結果，A 同學在10道題目中答對1題，B 同學則是在100道題目中答對30題。

比較這兩個人在各項測驗的答對率，測驗①的答對率為 A 同學60%、B 同學90%，測驗②的答對率為 A 同學10%、B 同學30%。在這兩項測驗中，B 同學的答對率都高於 A 同學。

但是把這兩個人的兩項測驗的結果加起來，

再比較他們的答對率。結果，A 同學在110道題目中答對61題，答對率約55%；B 同學在110道題目中答對39題，答對率約35%。這回，A 同學的答對率高於 B 同學。那麼，A 同學和 B 同學，究竟是誰的測驗成績比較好呢？

像這樣，個別的結果和總體的結果有可能會相反。這個統計學上的悖論，是英國統計學家辛普森（Edward Hugh Simpson，1922～2019）於1951年所提出，因此就稱為「辛普森悖論」（Simpson's paradox）。

這個悖論的解決方案之一，是著眼於 A 同學

A 和 B 兩位同學測驗成績的比較

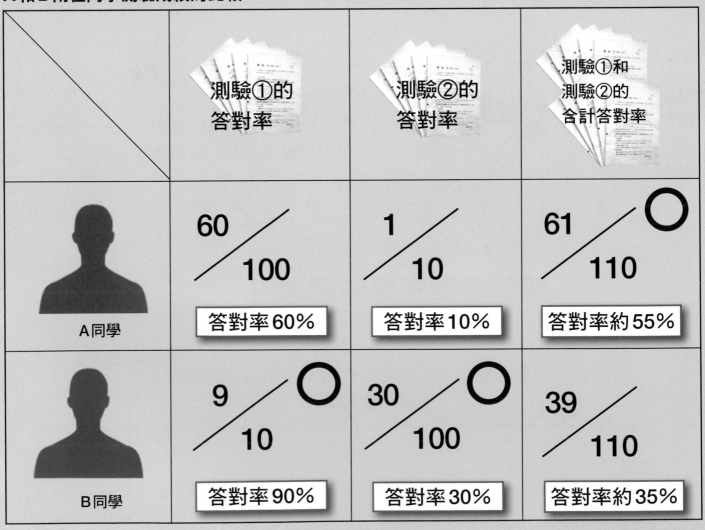

	測驗①的答對率	測驗②的答對率	測驗①和測驗②的合計答對率
A同學	$\dfrac{60}{100}$ 答對率60%	$\dfrac{1}{10}$ 答對率10%	$\dfrac{61}{110}$ ○ 答對率約55%
B同學	$\dfrac{9}{10}$ ○ 答對率90%	$\dfrac{30}{100}$ ○ 答對率30%	$\dfrac{39}{110}$ 答對率約35%

和 B 同學在測驗①和測驗②中的題目數的差異，分別給予加權，再來比較總得分率。也就是說，對 A 同學而言，測驗①是在110題中解答100題，所以要乘上 $\frac{100}{110}$ ，測驗②是在110題中只解答10題，所以要乘上 $\frac{10}{110}$ 。對 B 同學而言，則是相反的模式（如下）。

A同學：$60\% \times \frac{100}{110} + 10\% \times \frac{10}{110} = $ 約55%
B同學：$90\% \times \frac{10}{110} + 30\% \times \frac{100}{110} = $ 約35%

從這個結果來看，可以說是 A 同學考得比較好。但是，問題沒有這麼單純。這是在測驗①和測驗②的題目難易度相同的情況下，這樣比較才有意義。如果難易度不相同的話，也可能會產生另外的結論。

例如，這兩個人在測驗②的答對率都低於測驗①，所以很有可能是因為測驗②的難度比較高的緣故。假設真的是這樣，那麼，B 同學在測驗②的答對率高於A同學，也可以依此認定 B 同學的程度比較好。

或者，假設這兩個人可以在各自考量測驗①和測驗②的題目之後，自行決定要選擇哪些題目來回答。那麼，A 同學大多選擇了測驗①中比較簡單的題目來解答，就某個意義上來看，也可以說他比較聰明。

在處理統計數據的時候，必須考慮到各種因素才行，例如題目的難易度、性質、題目的選項如何設計安排等等。

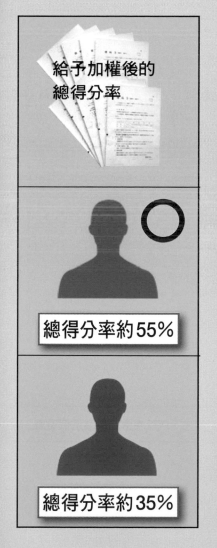

給予加權後的總得分率

總得分率約55%

總得分率約35%

較難的測驗②成績好的人程度比較好

答對率10%

答對率30%

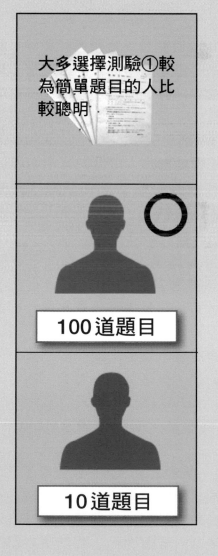

大多選擇測驗①較為簡單題目的人比較聰明

100道題目

10道題目

交換的話，雙方都能得利!?

現在，你收到一只信封，裡頭裝了 1 萬元。給你信封的人對你提出一個建議。「你可以留著那個裝有 1 萬元的信封。不過，如果你暫時還給我，將擁有金額加倍的機會。你投擲銅板，如果出現正面，我就還給你 2 萬元；但若出現背面，我只還給你5000元。」

總而言之，只要你認為這個遊戲具有拿出 1 萬元的價值，就可以玩玩看。如果要計算期望值，則因為得到 2 萬元的機率和得到5000元的機率是一半一半，所以是

2 萬元 × $\frac{1}{2}$ ＋5000元 × $\frac{1}{2}$ ＝1 萬2500元

既然期望值大於 1 萬元，所以這個遊戲值得一玩。關於這一點，應該沒有問題。

那麼，這個遊戲值得一玩嗎？

有 A 和 B 兩個信封，裡頭都裝著錢，其中一個信封裝的金額是另一個信封的 2 倍。現在，你拿到 A 信封，打開一看，確認裡頭裝著 1 萬元。由此可知，另一個 B 信封裡頭可能裝著 2 萬元，也可能裝著5000元。

接下來，你被告知，可以把 A 信封換成 B 信封。這個情況期望值的算法跟剛才的問題一樣，算得 1 萬2500元，所以交換比較划算。這樣的想法究竟對不對呢？

例如，假設還有一個參加者，你拿到 A 信封，另一人拿到 B 信封，各自確認自己信封裡的金額。另一個參加者也會和你一樣計算期望值，從而得到「交換比較划算」的結論。這麼一來，變成雙方都是交換比較划算。但事實上，一旦交換，勢必有一方獲利，而另一方則會損失。

這個悖論稱為「交換悖論」（exchange paradox）或「雙信封悖論」（two envelope paradox）。乍看之下，似乎會覺得不合理，但剛才計算期望值的結果並沒有錯，雙方應該都能從這個遊戲中得利。但畢竟，期望值只是計算上期望得到的數值而已，並非雙方都必定能夠得利。有得，必有失。

問題 1

你收到一個裝有 1 萬元的信封。如果把它還回去，再投擲銅板，出現正面可以拿回 2 倍金額的 2 萬元，但出現背面則只能拿回減半的5000元。你要參加這個遊戲嗎？

① 你收到一個裝有 1 萬元的信封。

A 信封

10000

你

② 把 1 萬元還回去，投擲銅板。

出現正面，增加為 2 萬元

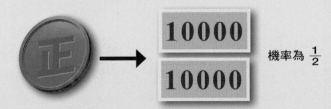

10000
10000

機率為 $\frac{1}{2}$

出現背面，減少為 5000 元

5000

機率為 $\frac{1}{2}$

計算期望值，則

2 萬元 × $\frac{1}{2}$ ＋ 5000 元 × $\frac{1}{2}$ ＝1 萬 2500 元

< 結論 >

由於期望值高於 1 萬元，所以你應該參加這個遊戲。

問題 2（交換悖論）

有 A 信封和 B 信封。其中一個信封裡頭裝的金額是另一個信封的 2 倍。你拿到 A 信封，確認裡頭裝著 1 萬元。因此另一個 B 信封裡頭裝著 2 萬元或5000元。人家告訴你，你可以把 A 信封換成 B 信封。期望值和剛才的問題 1 一樣是 1 萬2500元，所以交換比較划算。但是，還有另一個參加者，從一開始就拿到 B 信封。另一個參加者確認 B 信封裡頭是 2 萬元或5000元之後，也會和你一樣計算期望值，得到換成 A 信封比較划算的結論。這麼一來，變成雙方都是交換比較划算。這個推論有錯嗎？

其中一個信封裡頭裝的金額是另一個信封的 2 倍

① 你拿到 A 信封，確認裡頭裝著 1 萬元。

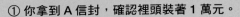

所以，B 信封裡裝著 2 萬元或 5000 元

② 人家告訴你，可以把 A 信封換成 B 信封。

如果換成 B 信封，增加為 2 萬元的機率是 $\frac{1}{2}$

機率是 $\frac{1}{2}$

如果換成 B 信封，減少為 5000 元的機率是 $\frac{1}{2}$

機率是 $\frac{1}{2}$

期望值為 2 萬元 $\times \frac{1}{2}$ + 5000 元 $\times \frac{1}{2}$ = 1 萬 2500 元。比 1 萬元高，所以你應該參加這個遊戲。

> 但是，假設還有一個參加者，從一開始就拿到 B 信封。他在確認 B 信封裡頭是 2 萬元或5000元之後，也會和你做一樣的推論，得到換成 A 信封比較划算的結論。交換之後，雙方都比較划算，這種事情有可能發生嗎？（交換悖論）

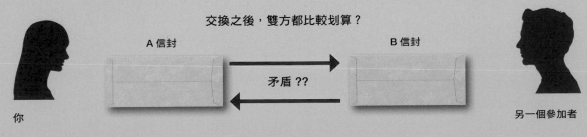

交換之後，雙方都比較划算？

矛盾??

你　　　　　　　　　　　　　　　　　　　　　　　　　　　　　　　　另一個參加者

＜結論＞

> 期望值的計算結果正確，雙方都應該參加這個遊戲。但期望值畢竟只是計算上期望得到的數值而已，並非雙方都能得利。有得，必有失。

宇宙的悖論

監修　高橋昌一郎　協助　松原隆彥

對於人類來說，浩瀚的宇宙無論在哪個時代都充滿謎團，因此也衍生出許多與宇宙相關的悖論。其中有些悖論已經藉由天文學的發展而獲得解決，但至今仍然留下許多未能解決的悖論。

奧伯斯悖論①～③
澤利格悖論
費米悖論①～⑥
人擇原理①～②

應該各個方向都有閃耀生輝的星星!?

人類隨著天文學的發展而逐漸了解宇宙。在這個過程中,曾經有一段時期,認為宇宙是無限廣濶的,有無數個星星,而且均勻分布在整個宇宙。

如果宇宙中的星球有無限多個,那麼在我們視線所及之處,理應會有明亮閃耀的星星(恆星)存在吧!也就是說,不論往哪個方向觀察,應該都能看到璀璨明亮的宇宙中滿布著耀眼的繁星才對(左頁插圖)!

但實際上,理應繁星滿布的夜空竟是如此幽暗,眼見亮度只有預期中的10兆分之1而已。有很長的一段時間,科學家始終無法解決這個矛盾。

如果假設星球數量是「有限」的呢?

「夜空原本應該是明亮的。」話雖如此,然則現實的夜空卻一點都不亮。這個「矛盾」(詭論)是德國天文學家奧伯斯(Heinrich Olbers,1758~1840)於1823年所提出的,因而稱為「奧伯斯悖論」[※](Olbers's

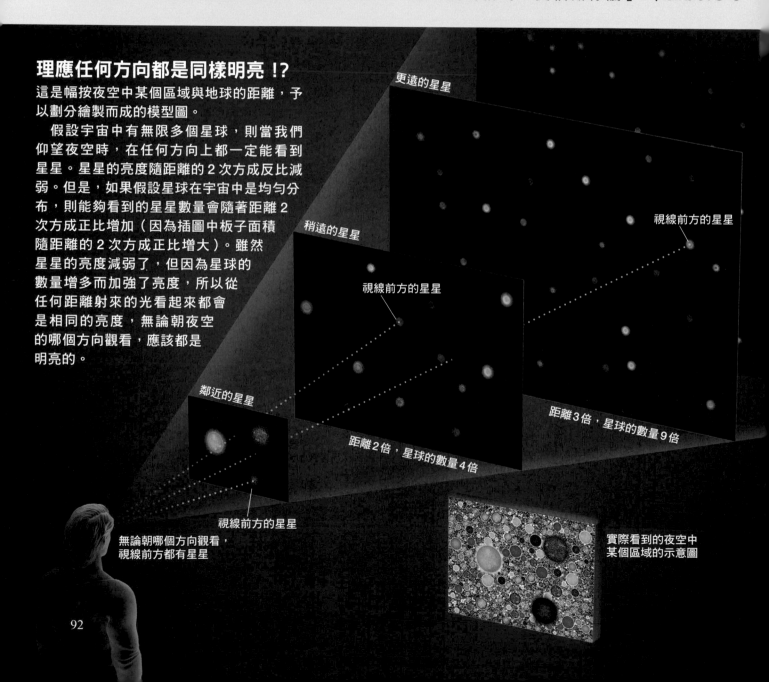

理應任何方向都是同樣明亮!?

這是幅按夜空中某個區域與地球的距離,予以劃分繪製而成的模型圖。

假設宇宙中有無限多個星球,則當我們仰望夜空時,在任何方向上都一定能看到星星。星星的亮度隨距離的2次方成反比減弱。但是,如果假設星球在宇宙中是均勻分布,則能夠看到的星星數量會隨著距離2次方成正比增加(因為插圖中板子面積隨距離的2次方成正比增大)。雖然星星的亮度減弱了,但因為星球的數量增多而加強了亮度,所以從任何距離射來的光看起來都會是相同的亮度,無論朝夜空的哪個方向觀看,應該都是明亮的。

更遠的星星

稍遠的星星

視線前方的星星

視線前方的星星

鄰近的星星

距離3倍,星球的數量9倍

距離2倍,星球的數量4倍

視線前方的星星

無論朝哪個方向觀看,
視線前方都有星星

實際看到的夜空中
某個區域的示意圖

paradox）。

不過，到目前為止，我們都是依據「宇宙是無限廣濶，有無數個星球，且均勻分布於整個宇宙」的假設進行討論。但是，「宇宙有無數個星球」的假設到底正不正確呢？

在日本高能加速器研究機構鑽研宇宙論的松原隆彥教授說：「具有質量的物體會藉由引力而互相吸引。當時認為，如果星球數量有限的話，這些有限的星球應該會聚集在一個地方才對（右頁右上方插圖）。」而如果宇宙是無限寬廣，星球數量也是無限的話，則星球就會藉由

彼此間引力的影響而保持絕妙的平衡，因此能均勻分布（右頁插圖）。

宇宙的大小和星球的數量，直到現在依然無法釐清。在奧伯斯的時代，認為宇宙沒有起點也沒有終點，亙古以來固定不變。在這個始終維持原貌的宇宙中，繁星並沒有聚集在一個地方，所以當時會認為宇宙是無限寬廣，星球也是無限多個，是極其自然的事情吧！

※：「奧伯斯悖論」這個名稱可能會引起誤解，其實，這個問題在奧伯斯關注之前，已經有各領域的科學家投身探討工作了。

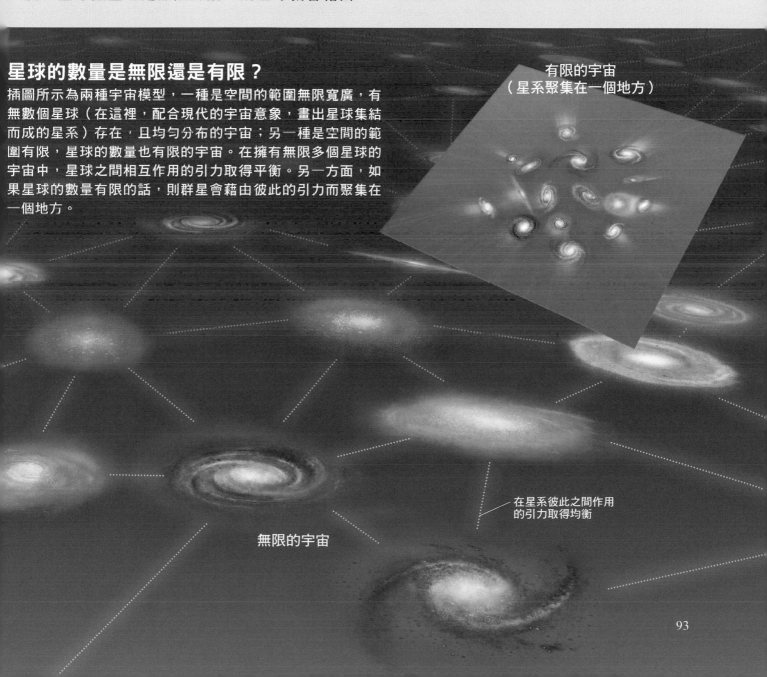

星球的數量是無限還是有限？

插圖所示為兩種宇宙模型，一種是空間的範圍無限寬廣，有無數個星球（在這裡，配合現代的宇宙意象，畫出星球集結而成的星系）存在，且均勻分布的宇宙；另一種是空間的範圍有限，星球的數量也有限的宇宙。在擁有無限多個星球的宇宙中，星球之間相互作用的引力取得平衡。另一方面，如果星球的數量有限的話，則群星會藉由彼此的引力而聚集在一個地方。

有限的宇宙
（星系聚集在一個地方）

在星系彼此之間作用
的引力取得均衡

無限的宇宙

宇宙中充滿了會遮蔽光的「某種東西」？

「宇宙為什麼如此幽暗？」對於這個冠上自己名字的悖論，奧伯斯本人又是如何看待呢？奧伯斯認為，這個悖論的解答是：「宇宙中可能有某種不透明的東西，將星星放出來的光遮掉了」。

即使光被遮住了，宇宙的亮度也不會改變

現在已經知道，在宇宙空間裡，擁有稀薄的氣體及稱為「宇宙塵」的細小「微塵」。這類存在於宇宙空間的物質稱為「星際物質」。有些區域中星際物質的密度比較高，正如奧伯斯所認為的，會遮住從背後的星球所射來的光，因此顯得一片陰暗，這類區域稱為「黑暗星雲」。高掛夜空的「銀河」也有一些部分是幽暗的區域，這也是黑暗星雲的一種。

不過，對於乍看之下似乎正確的奧伯斯「解答」，松原教授卻說：「即使把星際物質的存在納入考量，也沒有辦法說明宇宙為何會如此黑暗。」

星際物質確實會遮住星球的光。但是，就算從無限多個星球發出的光，真的全部都被星際物質遮住了，但星際物質本身也會被這些光所加熱，最後仍會發出和背後的星球同樣明亮程度的光。這麼一來，黑暗星雲就不能再稱之為「黑暗」了。

再者，現在已經知道，宇宙基本上相當稀薄。雖然宇宙中確實有一部分是不透明的區域，但可以說絕大部分都幾近透明。因此，即使考量了星際物質的存在，也無法說明奧伯斯悖論。

科學家所思考之宇宙幽暗的原因

對於奧伯斯悖論，科學家提出各式各樣的「解答」，可惜都不正確。

星際物質密度較高的區域

恆星

恆星放出的光

恆星

恆星

溫度上升，放出光

吸收光

地球

宇宙微塵吸收光之後，受熱而放出光

本圖所示為星際物質密度較高的區域（黑暗星雲）遮住其背後無限多個恆星射來之光的想像圖。但是，在奧伯斯所設想的明亮宇宙中，就算星際物質真的遮住了光，也會因為受熱而溫度上升，並且發出和太陽同等明亮的光輝。

3.因為星球的數量原本就有限

宇宙的描繪，往往和宗教關係密不可分。17世紀的日耳曼科學家居里克（Otto von Guericke，1602～1686），認為「能夠成為無限的只有神和空間」，因而主張宇宙中距離我們越遠的地方星球越稀少，到最後會來到一個沒有星球的「虛無」領域。但是，這個「解答」在考慮星球之間有萬有引力的作用之後，便遭到否定（參照右頁）。

關於奧伯斯悖論的各種「解答」

不只是奧伯斯，許多天文學家都絞盡腦汁，在為奧伯斯悖論探尋解答。因此，除了奧伯斯所思考的「解答」之外，從古到今也出現過各式各樣的「解答」。

但是，奧伯斯活躍的年代是19世紀，而宇宙除了銀河系（銀河）以外還有其他星系存在，這在現今已是常識的事情，在當時幾乎都不知道。因此，在奧伯斯活躍的時代之前所提出的「解答」，有許多如今看來十分怪異（參照下方的插圖）。從奧伯斯悖論的各種「解答」，可以一窺當時的宇宙觀。

從19世紀後半葉到20世紀的科學發展顛覆了人們原先想像的宇宙樣貌。在20世紀前半葉，科學家發現宇宙還在膨脹。奧地利數學天文學家邦迪（Hermann Bondi，1919～2005）發表了研究報告，指出宇宙膨脹造成的「紅移」（red shift）能夠用來說明宇宙幽暗的原因（下圖4）。這個說明，即使在現代也會被誤解為奧伯斯悖論的「正確解答」。

事實上，邦迪所假設的宇宙樣態是特殊「恆定宇宙」，這個想法和現在公認的模型並不一樣。根據現在的理解，紅移確實是星星的光看起來幽暗的原因之一，但是，在現實的宇宙中，即使只考慮紅移的效果，也只能達到奧伯斯所設想的宇宙亮度的一半程度而已。然而，實際宇宙的亮度，卻只有奧伯斯所設想的10兆分之1。

在這些形形色色的「解答」中，有一位著名的科學家逼近了奧伯斯悖論的核心。

1.因為星球排成一直線

即使星球的數量有無限多個，但若它們排成一條直線，則只有距離地球最近的恆星之光能夠傳到地球上，所以夜空看起來如此幽暗。宇宙如此整齊，應該是不可能的事情，但是在1907年，物理學家達爾比（Fournier d'Albe，1868~1933）依據當時的知識見解，只能做這樣的思考，提出這個「解答」。

從地球上看不到的星球

從地球上看得到的星球

2.因為宇宙中有一些區域沒有乙太

到了19世紀後半葉，認為空間充滿「乙太」，光是在這種介質當中傳送。因此，美籍加拿大天文學家紐康（Simon Newcomb，1835～1909）主張宇宙中有一些區域沒有乙太存在，導致光無法傳送到地球上。但是，現在已經推翻了乙太的存在，知道了光能在真空中傳送。

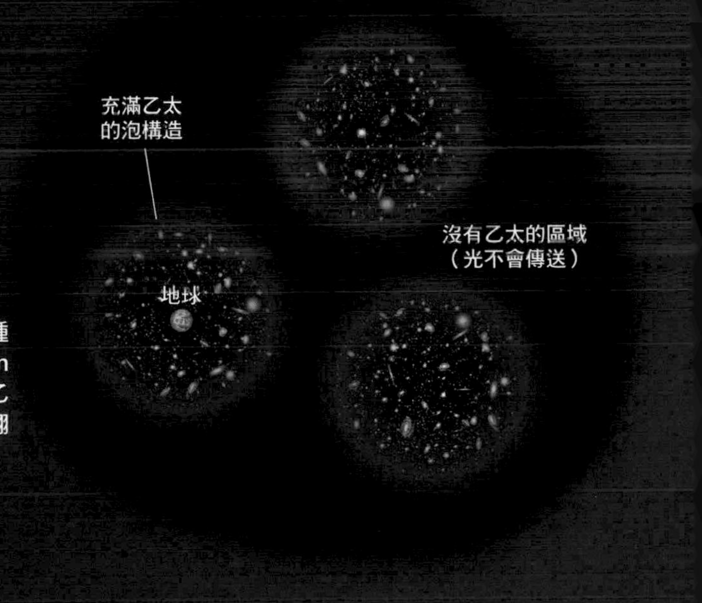

充滿乙太的泡構造

地球

沒有乙太的區域（光不會傳送）

地球

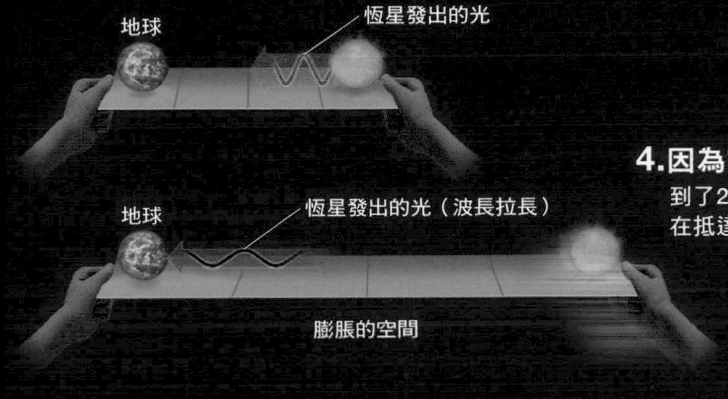

恆星發出的光

地球

恆星發出的光（波長拉長）

膨脹的空間

4.因為空間膨脹所致而看不到光

到了20世紀，得知宇宙空間還在膨脹。也因此得知，星球放出的光波長，在抵達地球之前會隨著空間的膨脹而拉長。這種現象稱為「紅移」。

位於遙遠之處的天體，即使放出我們肉眼能感受的光（可見光），也會因為在抵達地球之前的紅移，轉變成肉眼無法感受的紅外線和電波。奧地利天文物理學家邦迪於1952年提出，宇宙之所以幽暗，是因為發生紅移而導致無法見到遠方星球放出的光。

我們只能在有限的範圍內觀測宇宙

事實上，以絕對溫度單位而名留青史的英國科學家克耳文（William Thomson Kelvin，1824～1907），於1901年提出的說明解決了奧伯斯悖論。克耳文在「奧伯斯悖論」這個名稱出現之前，就已經提出了他的主張。但是有很長一段時間沒有受到關注，以致即使進入20世紀，宇宙的幽暗依舊是個謎。而且，「奧伯斯悖論」這個名稱的出現，也是在邦迪（參照前頁的解答4）再度注意到這個謎題的1952年。

克耳文極有可能是根據夜空實際的亮度、恆星的分布密度，以及星球也有壽命等理由，因而想像出遠古宇宙中曾有過完全沒有星光（沒有恆星存在）的時代，以及從地球所見的宇宙只侷限於小小的範圍等等，這種比較接近現代宇宙論的面貌。克耳文或許是基於這樣的想法，而主張即使宇宙中有無限多個星球存在，也會因為星球有壽命、能夠觀測到的宇宙為有限的範圍，導致宇宙如此幽暗。

太過遙遠的恆星和年輕恆星的光不會抵達地球

在奧伯斯活躍的時代，世人認為宇宙既沒有起點也沒有終點，夜空的明亮星星也是從遠古就一直閃耀到現在。這樣的宇宙，無論星星位於多麼遙遠的地方，它放出的光應該遲早都會抵達現在的地球才對。

但後來得知，真實情況並非如此。1929年，美國天文學家哈伯（Edwin Powell Hubble，1889～1953）發現了宇宙正在膨脹的證據。既然宇宙在膨脹之中，這就表示在

奧伯斯悖論的正確解答

本圖所示為光在奧伯斯等人所思考和宇宙中實際傳送情況的差異。橫軸為距離，縱軸為時間。

在奧伯斯等科學家所思考的宇宙中，恆星一直是閃耀生輝（下方圖表）。在這樣的宇宙中，無論是距離地球多遠的恆星，它的光終究會傳到地球。

另一方面，在實際上，恆星有壽命，宇宙也有開端（右方圖表）。在這樣的宇宙中，即使有無限多個恆星，也會有恆星之光沒有抵達地球的情形。

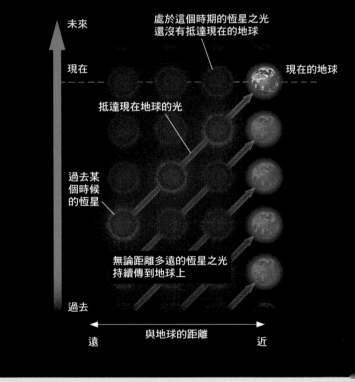

奧伯斯所思考的宇宙樣態

未來

處於這個時期的恆星之光還沒有抵達現在的地球

現在

現在的地球

抵達現在地球的光

過去某個時候的恆星

無論距離多遠的恆星之光持續傳到地球上

過去

與地球的距離

遠　　　　　近

遠古以前，宇宙是縮聚於一個點。也就是說，由此可以推知，宇宙有個「開端」。現在，已經知道宇宙是在大約138億年前誕生的。這就表示，我們所看到的宇宙，只不過是在長達138億年的宇宙歷史中，我們觀測所及之範圍（光抵達的範圍）中天體的光而已。能夠看到（能夠觀測）的宇宙乃侷限於一定的範圍，這個想法和克耳文所想像的宇宙樣貌幾乎相同。

事實上，在我們能夠觀測到的範圍以外（自宇宙誕生以來，光還沒有抵達地球的區域），

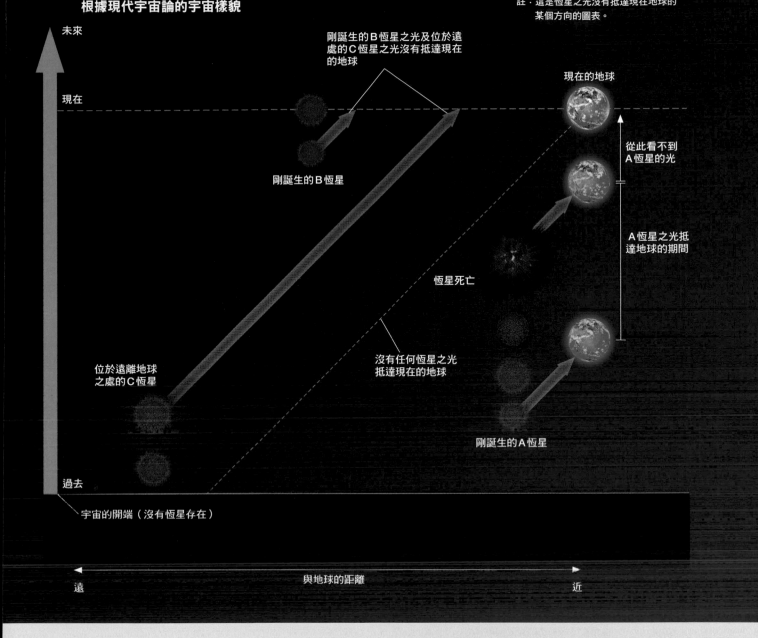

根據現代宇宙論的宇宙樣貌

未來

現在

過去

宇宙的開端（沒有恆星存在）

剛誕生的B恆星之光及位於遠處的C恆星之光沒有抵達現在的地球

剛誕生的B恆星

位於遠離地球之處的C恆星

恆星死亡

沒有任何恆星之光抵達現在的地球

剛誕生的A恆星

現在的地球

從此看不到A恆星的光

A恆星之光抵達地球的期間

註：這是恆星之光沒有抵達現在地球的某個方向的圖表。

遠　　　　　　　　　　與地球的距離　　　　　　　　　　近

應該還有相當寬廣的宇宙空間吧！但因為從這些區域傳來的光，目前還沒有抵達地球，所以我們看不到。

此外，太陽這類自行發光的恆星，並不會永遠明亮。恆星是從某個時候才開始發光，最後在某個時候燃燒殆盡。假設此刻在100光年以外的地方誕生了一顆恆星，那麼，這顆恆星放出的光要歷經100年我們才能觀測到。

把這些要素納入考量來計算宇宙亮度，得到的結果很能說明實際的宇宙亮度。

現代的宇宙論仍有許多謎題

現在所闡明的宇宙樣貌，逐漸解答了奧伯斯悖論這類與宇宙相關的各種謎題。前頁所介紹的光怪陸離「解答」，也是深入探討宇宙時相當必要的材料吧！現代的宇宙論還有暗物質[※]及暗能量[※]等「謎題」。這些謎題將會如何改變我們的宇宙觀呢？

※：這些都是本體不明但可能大量存在於宇宙中的物質和能量。

如果星球有無限多個，那麼重力應該也是無限！?

　　第92頁介紹的「光的亮度隨距離的2次方成反比變暗」這個性質稱為「平方反比定律」（inverse square law）。這個平方反比定律在自然界中處處可見，在「重力」的領域也成立，那就是「牛頓的萬有引力定律」（Newton's law of universal gravitation）。

　　萬有引力定律是指「在兩個物體之間作用的萬有引力（重力），與這兩個物體的質量成正比，與這兩個物體之間距離的2次方成反比」，可用（1）中的方程式來表示。如果把這個重力的性質套用在奧伯斯悖論上，便會產生相同的悖論。

　　也就是說，「假設宇宙無限大，而且星球在其中均勻分布，則會有無限數量的星球重力傳抵地球，這些重力的總和應該也會是無限的」。如果真是如此，我們應該會受到各個方向傳來的無限重力的拉扯，因而粉身碎骨吧……。當然，實際上並非如此。

　　這是德國天文學家澤利格（Hugo von Seeliger，1849～1924）所提出的悖論，便稱為「澤利格悖論」（Seeliger's paradox）。澤利格提出這個悖論，建議修正牛頓的萬有引力定律。

　　關於這個悖論，也能利用和「奧伯斯悖論」相同的理由來解決。也就是說，重力的傳達速度和光的傳達速度一樣有其限度，因此，抵達地球的重力也是僅限於從有限範圍內之星球所傳來的重力。因此，抵達地球的重力總和並非無限。　　　　🪐

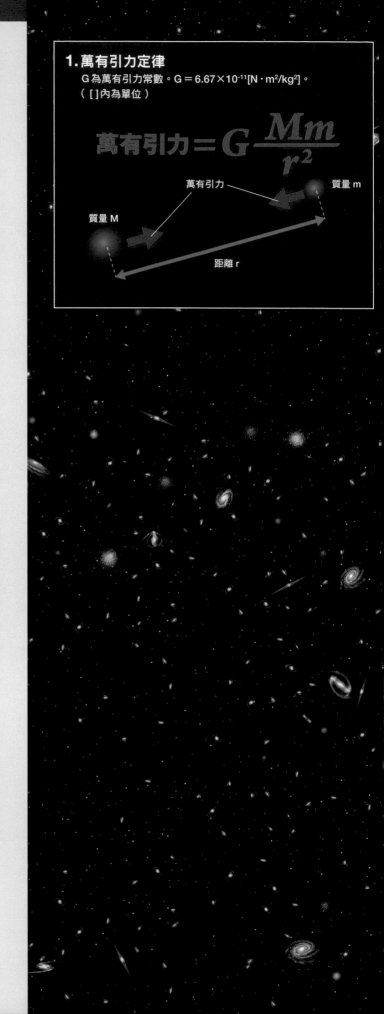

1. 萬有引力定律
G為萬有引力常數。G＝$6.67×10^{-11}[N·m^2/kg^2]$。
（ [ ]內為單位）

$$萬有引力 = G\frac{Mm}{r^2}$$

質量 M

萬有引力

質量 m

距離 r

重力抵達的範圍有其限度

宇宙的大小遠遠超出我們所能觀測的範圍。
插圖所示為想像的宇宙，球內表示我們能夠
觀測的範圍。重力的傳達速度和光的傳達速
度一樣也有其限度，其影響所及僅限於圖中
圓球範圍之內。

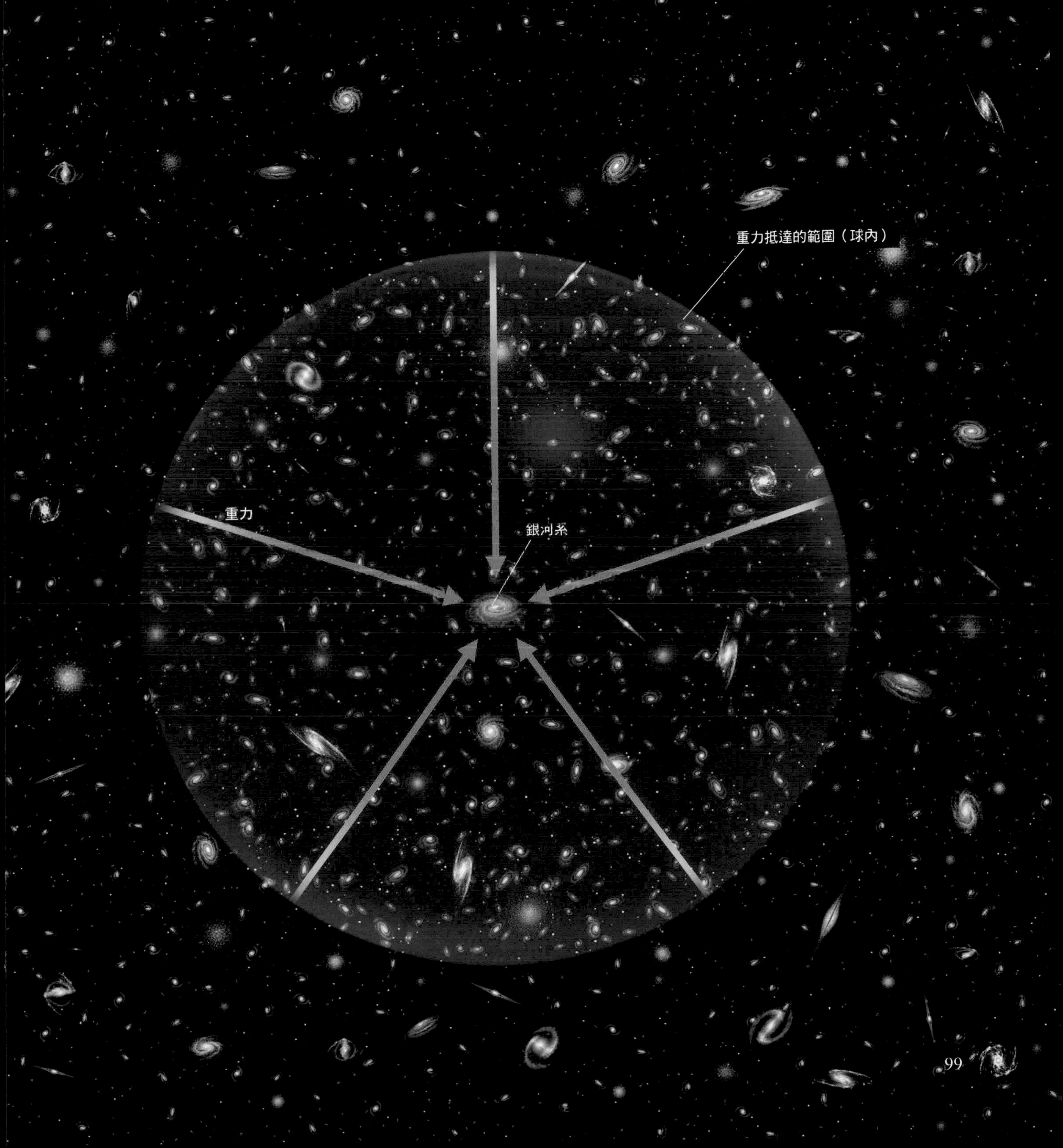

重力抵達的範圍（球內）

重力

銀河系

為什麼找不到
外星人？

費米（1901～1954）

「浩瀚的宇宙中有數量如此龐大的星球，那麼，除了地球以外，應該也會有很多文明存在。就算假設其中有若干個文明已經來訪地球，也不足為奇。但是，為什麼到目前為止，都沒有與地球外文明接觸的證據呢？他們究竟在什麼地方呢？」

義大利裔的美國籍物理學家費米（Enrico Fermi，1901～1954）曾在1950年指出這項矛盾，因此稱之為「費米悖論」（Fermi's paradox）。

的確，單單我們的銀河系（銀河）就擁有2000億個恆星，而類似這樣的星系在宇宙中可謂多不勝數。實在很難想像，在這當中只有地球是唯一擁有智慧文明的星球。現在，地球文明還沒有發展出星際旅行的技術，但說不定宇宙中某個星球上擁有更高度的文明，並且已經來過地球了。

關於這個悖論，截至目前為止已經有許多科學家提出各式各樣的解釋。即使是沒有科學根據的解釋，或許也有幾分可能性。

其實，外星人已經來過地球了，但他們隱藏了真面目。或者，遭政府列為機密。外星人雖然認知地球的存在，但由於條約等限制，不敢貿然與地球接觸。外星人是超越我們想像的生命體，所以我們無法辨識⋯⋯。

但相反地，除了地球以外沒有其他智慧型生命存在，或許才是這個悖論的答案。又或者是，智慧型生命確實存在，只是距離地球太過遙遠，以致於無法抵達。如果考慮到宇宙的廣闊無邊，也許後者才是最可能的答案。

不過，即使無法做星際旅行，也能利用電波等方式進行通訊。但是，直到現在，就連地球外文明有在進行通訊的證據也沒有。

追根究柢，受限於現今的觀測能力，目前我們能調查的對象只有鄰近的一些星球而已。因此，我們將不以整個宇宙為對象，而是把目光專注於我們的銀河系，來思考這個問題。

外星人在哪裡？

目前，並沒有在地球以外的地方發現智慧型生命。但是，或許有外星人知道地球的存在，只是不敢和我們接觸罷了。這幅想像圖顯示來自遙遠星球的太空船抵達地球的情景。

可能與我們通訊的智慧文明在銀河系中有10個？

1961年，美國天文學家德雷克（Frank Donald Drake，1930～）為了計算「銀河系內可能與我們通訊的地球外文明個數」，提出了「德雷克公式」（Drake equation）。

$$N=R^* \times f_p \times n_e \times f_l \times f_i \times f_c \times L$$

「N」是最終得知之「可能與我們通訊的地球外文明」個數。「R^*」是指銀河系中一年誕生的恆星數量；「f_p」是指擁有行星的恆星占全部恆星的比例；「n_e」是指該恆星系之適居帶內行星數的平均值。所謂的適居帶，是指恆星周圍適合生命存在的區域；「f_l」是指該行星誕生生命的比例；「f_i」是指誕生的生命演化成智慧型生命體的比例；「f_c」是指該智慧型生命體實施行星際通訊的比例。而最後的「L」是指進行行星外通訊的文明期間能夠存續多少年。

德雷克對各個符號給予以下的數值。一年誕生恆星的數量「R^*」為10個。假設其中一半擁有行星，因此「$f_p=0.5$」為0.5。這些恆星系適居帶內的行星數量平均值「n_e」為2個。假設適居帶內有行星的話，必定會誕生生命，所以「f_l」為1。假設演化成智慧型生命體的可能性「f_i」和實施行星際通訊的可能性「f_c」分別為1%，亦即0.01。而文明的存續期間「L」假設為1萬年。

依照這些數值進行計算，可得「$N=10$」。也就是說，德雷克試算出，銀河系內有10個行星擁有能夠實施行星際通訊的文明。這個結果一方面顯示了地球並非孤例，但另一方面也讓我們實際感受到地球是多麼可貴。關於這個數值是否妥適，目前還是眾說紛云，莫衷一是。為什麼呢？因為這個公式代入的數值並沒有根據。德雷克公式會依計算者個人的主觀而得出差異很大的結果。但是，在推測地球外文明的數量時，仍不失為一個好工具吧！

銀河系中有多少個智慧文明？

插圖所示為我們銀河系的整體想像圖。據估計，銀河系中有多達2000億個恆星。德雷克於1961年提出「德雷克公式」，以推測銀河系內有多少個可能與我們通訊的智慧文明（右頁上方）。根據德雷克的試算，得到銀河系內有10個智慧文明的結果。

何謂德雷克公式？

可能與我們通訊的
地球外文明個數

位於適居帶內的行星
誕生生命的比例

擁有行星的恆星
占全部恆星的比例

智慧型生命體實施行
星際通訊的可能性

$$N = R^* \times f_p \times n_e \times f_l \times f_i \times f_c \times L$$

一年誕生的恆星數量

演化成智慧型生命體的比例

若恆星擁有行星，則位於
適居帶內的行星數平均值

文明的存續期間

銀河系中有多少個「類似地球的行星」？

前頁介紹德雷克的推定，迄今已有將近60年的歷史。我們對於宇宙的了解在這段期間有了很大的進展。因此接下來，我們暫且不談是否已經建構了文明，先來介紹一下，關於銀河系中有多少個「類似地球的行星」（稱為地球型行星或類地行星）的最新研究成果。

我們所在的銀河系裡頭，有多少個恆星呢？據推估，多達2000億個左右。那麼，在數量如此龐大的恆星當中，擁有不只一個行星的比例（f_p）有多大呢？

事實上，第一次發現太陽系以外的行星（系外行星）是在1995年，離現在並沒有多久。美國航空暨太空總署（NASA）於2009年發射克卜勒太空望遠鏡（Kepler Space Telescope），發現了非常多的系外行星。到2020年6月的時候，已經發現了大約4100個系外行星。這些系外行星的種類及大小各異，有些是像地球一樣由岩石構成的行星，有些是像木星一樣由氣體構成的行星，有些是像天王星一樣以冰為主要成分的行星。

根據截至目前的觀測結果，恆星擁有不只一個行星的比例為65%的程度（$f_p = 0.65$）。也就是說，2000億個×0.65＝1300億個恆星可能擁有一個以上的行星。

那麼，假設某個恆星擁有行星，則其中位於適居帶內的行星數量（n_e）會有多少個呢？這個雖然不太確定，但或許可以假設，繞行恆星的行星當中，位於適居帶內的地球型行星（$n_e = 1$）會有1個左右。也就是說，在銀河系內，類似地球的行星有1300億個。

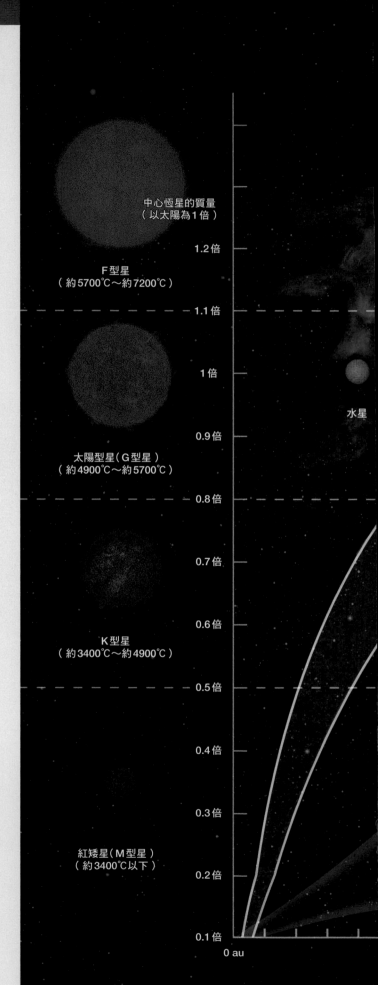

中心恆星的質量
（以太陽為1倍）

1.2倍

F型星
（約5700℃～約7200℃）

1.1倍

1倍

0.9倍

太陽型星（G型星）
（約4900℃～約5700℃）

0.8倍

0.7倍

0.6倍

K型星
（約3400℃～約4900℃）

0.5倍

0.4倍

0.3倍

0.2倍

紅矮星（M型星）
（約3400℃以下）

0.1倍

0 au

水星

依據恆星溫度而異的適居帶位置

科學家認為，行星上能夠誕生生命的條件之一，是行星表面必須要有液態水。恆星周圍能令行星表面有液態水存在的範圍，稱為「適居帶」。適居帶的位置，依據恆星的溫度而有所差異。本圖顯示質量為太陽0.1倍至1.3倍的恆星周圍的適居帶位置。

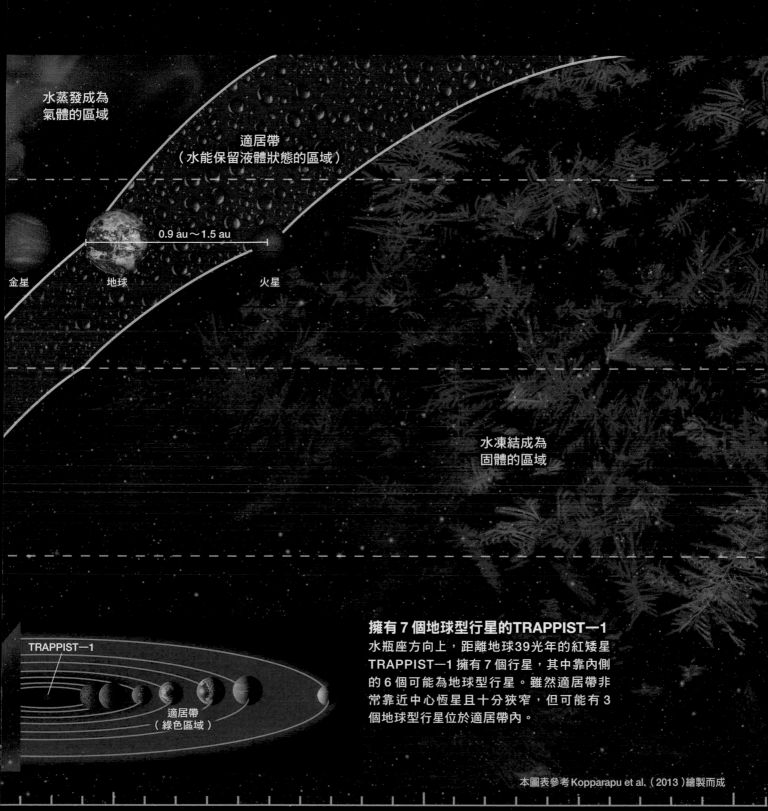

水蒸發成為
氣體的區域

適居帶
（水能保留液體狀態的區域）

0.9 au～1.5 au

金星　　　　地球　　　　　　火星

水凍結成為
固體的區域

TRAPPIST—1

適居帶
（綠色區域）

擁有 7 個地球型行星的 TRAPPIST—1

水瓶座方向上，距離地球39光年的紅矮星TRAPPIST—1 擁有 7 個行星，其中靠內側的 6 個可能為地球型行星。雖然適居帶非常靠近中心恆星且十分狹窄，但可能有 3 個地球型行星位於適居帶內。

本圖表參考 Kopparapu et al.（2013）繪製而成

1 au　　　　　　　　　　　　　2 au　　　　　與中心恆星的距離

註：1au（天文單位）為地球與太陽的距離，大約1億5000萬公里。

地球有多麼得天獨厚？

　　據估計，銀河系中有多達1300億個「類似地球的行星」。或許有些人會想，如果真的數量如此龐大，那麼其中有些行星誕生了智慧型生命體，應該也是不足為奇。但是，這樣想可能有點過度樂觀。現在我們就來看看，對於生命來說，地球是一個蒙受了多大恩惠的行星吧！

　　如，假設太陽系中不只有3個巨大行星。這麼一來，行星的公轉軌道勢必和現今狀況極為不同，如果地球自形成之初就不在適居帶上，也就不會有生命誕生了。

　　還有，地球上擁有豐富的水，不只支持著生命活動，也具有穩定地球環境的作用。比起岩石，水更難變熱及變冷，所以具有穩定行星氣候的效果。此外，液體的水（海）也有藉由「海流」運送熱量的功能，減少地球高緯度地區和低緯度地區的氣溫差。如果地球上的水很少，或許無法造就出今天地球這般舒適的生存環境。

　　地球大約24小時自轉一圈。行星的自轉週期，可能是基於行星誕生之際的偶然因素而決定的。如果地球的自轉速度是1年才轉1圈，就會有半個地球表面是永遠受到日照的白天，相反側的另外半個地球表面則是永遠看不到太陽的黑夜。這麼一來，白天這邊的半球會覆滿沙漠，黑夜這邊的半球會遍布冰川和冰原！

　　地球上有季節的分別，是因為地球的自轉軸相對於地球的公轉面傾斜23.4度的緣故。不過，這個23.4度的傾斜也不是依據必然的因素而決定的角度。如果地球的自轉軸是傾斜90度的狀態，那麼東京的夏天會變成太陽不會沉落的酷暑，而冬天則變成太陽不會升起的嚴寒。

　　順帶一提，地球自轉軸的傾斜度會有正負1度左右的變化。另一方面，火星自轉軸傾斜度的變化程度大於地球，截至目前為止，它已經反覆發生過好幾大規模的氣候變動了。地球自轉軸傾斜度的變化，起因於鄰近「異常」巨大的月球所產生的潮汐力。

最接近地球時的土星

本插圖為想像在木星、土星、天王星具有木星2倍大小的虛擬太陽系中，三個行星的軌道大為混亂，而土星最接近地球時的狀態。剛誕生的地球，很有可能還沒有誕生生命。在這之後，土星的重力應該會使得地球的軌道產生大動盪，導致地球脫離太陽系，或是被太陽或巨大行星吞噬吧！

類似地球這般適合生命的行星非常稀少？

二氧化碳是「溫室效應」很強的氣體，行星的氣溫深受二氧化碳的濃度所影響。地球的大氣壓力為1大氣壓，二氧化碳只占其中的0.04%左右而已。而金星的大氣壓力大約為90大氣壓，其成分絕大多數為二氧化碳，所以成為灼熱的世界。

地球的海洋形成時，大量的二氧化碳遭海洋吸收，成為碳酸鈣而沉澱下來。其後，二氧化碳也會溶於雨水，成為碳酸而溶化陸地，然後與溶出的鈣離子等結合，成為碳酸鈣而沉入海底。二氧化碳可能就是以這樣的方式，漸漸從大氣中消除。如果二氧化碳沒有充分消除的話，或許地球會因為二氧化碳的溫室效應，變成像金星一樣的「炙熱煉獄」。

另一方面，地球上也會藉由火山活動等方式，不斷把地球內部的二氧化碳釋放到大氣中。這是因為覆蓋地球表面的「板塊」一直在運動的緣故。藉由板塊運動，火山活動持續發生，於是穩定供應二氧化碳。如果火山活動停止，不再供應二氧化碳，那麼數十萬年之內，

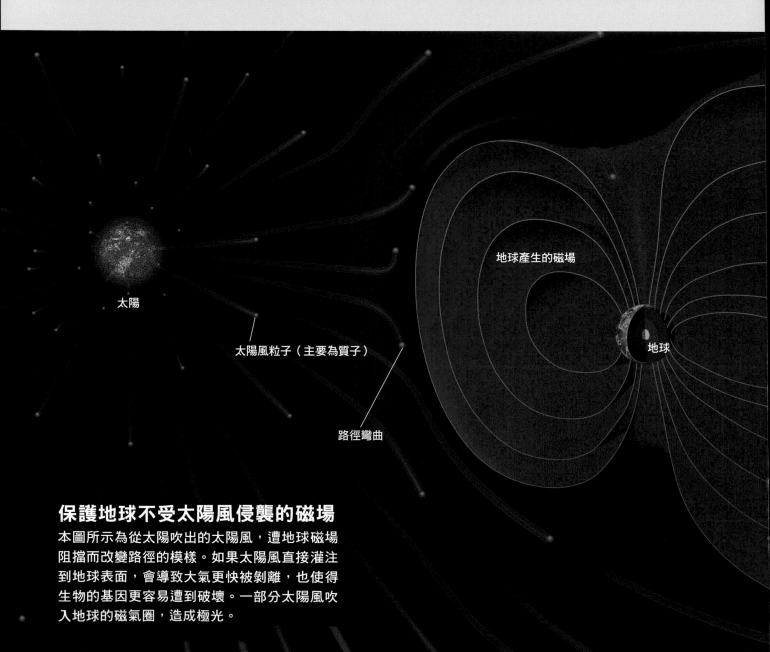

太陽

太陽風粒子（主要為質子）

路徑彎曲

地球產生的磁場

地球

保護地球不受太陽風侵襲的磁場

本圖所示為從太陽吹出的太陽風，遭地球磁場阻擋而改變路徑的模樣。如果太陽風直接灌注到地球表面，會導致大氣更快被剝離，也使得生物的基因更容易遭到破壞。一部分太陽風吹入地球的磁氣圈，造成極光。

二氧化碳就會全部從大氣中消除殆盡，使得整個地球成為冰凍的世界。

大氣中含有氧，這一點也是地球的特殊之處。氧的存在，是拜植物及藻類等生物進行「光合作用」所賜。

此外，離地表20～25公里的區域有一個「臭氧層」。臭氧會吸收紫外線，使本身分解成氧分子和氧原子。藉由這個機制，使大部分有害的紫外線無法抵達地面，使得生物能夠生存。

此外，地球的磁場擴展到宇宙，把地球包覆在磁場裡面（參照插圖）。地球之所以擁有磁場，是因為內部的金屬核有電流流通的緣故。

這可能是外核的對流現象所造成。

磁場為我們阻擋了對生命有害的太陽風灌注到地球表面。太陽風也有剝奪大氣的作用。如果沒有磁場屏障，而讓太陽風吹到地球上的話，極有可能再也無法繼續維持生命能夠活動的環境。

誠如前文所述，地球是因為有許多各式各樣的「奇蹟」並存，才造就並維持讓生命舒適生活的環境。就算在銀河系中有許多「大小和地球差不多，並且液態水能夠存在的行星」，但要成為像地球這樣具備諸多條件的行星，其數量恐怕是少之又少！

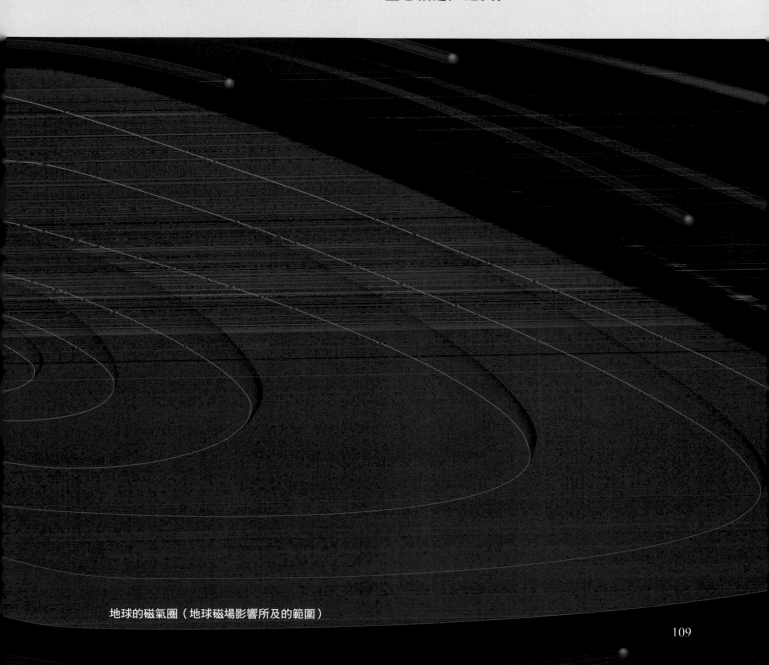

地球的磁氣圈（地球磁場影響所及的範圍）

全世界都在尋找外星人

　　自1960年代開始，全世界以天文學家為中心，進行了各式各樣的嘗試，企圖捕捉地球外智慧型生命體傳來的通信訊號。這些行動統稱為「地球外智慧型生命體探察」（SETI，Search for Extra-Terrestrial Intelligence），或稱為「搜尋地外文明計畫」等等。

　　全球第一個SETI，是德雷克於1960年進行的「奧茲瑪計畫」（Project Ozma）。當年他在美國國家無線電天文台使用位於西維吉尼亞的綠堤（Green Bank）電波望遠鏡進行此項計畫。人類會在電話及電視等領域使用電波，所以如果是科學技術發達的外星文明，或許也會和地球一樣，在日常生活中使用電波吧！基於這樣的想法，從奧茲瑪計畫到現在，一直都有人使用電波望遠鏡進行SETI（插圖）。

　　除了電波之外，也有人利用可見光等電磁波來進行SETI。利用可見光的SETI稱為「光學SETI」（Optical SETI，OSETI）。光學SETI是從1973年開始在蘇聯進行，其後，自1990年代後半期起，也在美國進行。日本也從2005年開始在兵庫縣立天文台進行。

　　光學SETI所構想的，是地球外智慧型生命體朝地球發射「雷射」，嘗試與我們進行通訊。由於雷射能夠行進到極遠的地方也不至於太過擴散，所以即使射到遠方也不易減弱。而且，與電波相比，也有能夠一次發送大量資訊的優點。因此，光學SETI的研究者認為，「太陽系外的高度文明極有可能利用雷射進行恆星星際通訊」。

　　在SETI超過50年的歷史中，曾經偵測到幾個不明的訊號。但是到現在仍然沒有一個具有重現性而足以斷定來自地球外智慧型生命體的訊號。從截至目前為止的SETI結果可以知曉，想要檢測到地球外智慧型生命體傳來的訊號並非易事。但是，說不定明天就能捕捉到外星人傳來的訊號，使「費米悖論」再也不是悖論了。

地球外智慧型生命體探察 SETI

「SETI」（地球外智慧型生命體探察）這項計畫企圖捕捉地球外智慧型生命體傳來的訊號。不過，截至目前為止，還未能偵測到外星人傳來的訊號。本示意圖所顯現的是，欲以電波望遠鏡捕捉地球外智慧型生命體所傳來的訊號。

這個宇宙對於人類來說非常合適！

在本章的最後，要談談「人擇原理」（anthropic principle）的話題。人擇原理並非典型的悖論，而是永遠的謎題，但就廣義而言，也可以算是一種悖論。

人類現在能以這樣的狀態存在，可以說是多重機緣湊巧的結果。在討論費米悖論時曾經提到，地球是一個「奇蹟的行星」，只要支配宇宙的物理定律稍有不同，很可能就不會有人類。以下就來舉幾個例子說明人類的存在真是一個奇蹟。

這個宇宙有 4 種基本力（強力、弱力、電磁力、重力）。其中，「強力」是把原子核內的質子和中子結合起來的力之根源。宇宙中最先出現氫原子，再以此為基礎，逐漸生成氦原子、碳原子等更重的元素。如果這個「強力」比現在的值稍微小一點點，或是稍微大一點點，宇宙就會變成只有氫的世界，或是變成沒有氫的世界，或者很有可能無法出現碳原子這類構成生命體的重要元素。

還有，如果是一個「重力」比實際值更強一點的宇宙，則恆星內部的密度會更高，使得核熔合反應更活潑，導致恆星的壽命更短。這麼一來，能夠持續發光撐到智慧型生命體出現的恆星數量將會大幅減少。

最嚴重的例子當屬影響宇宙膨脹速度的「暗能量」。暗能量的值只要稍微大一點點，宇宙的膨脹速度就會變得太快，使得宇宙密度降到很低的樣態，導致恆星和星系都無法存在。這樣的宇宙，當然人類也無法存在。

為什麼這個宇宙會發展成如此適合人類的存在呢？我們應該如何思考其中的緣由呢？

些微的差異會造成宇宙膨脹速度大為不同

科學家認為，現在的宇宙中充滿了稱為「暗能量」的未知能量，產生斥力的效果。暗能量具有促使宇宙膨脹速度加快的作用。只要這個值稍微大一點點，宇宙的膨脹速度就會變得過快，降低宇宙的密度。

宇宙的加速膨脹
（以擴展的曲線來表現）

宇宙的開端

暗能量產生斥力的效果

物質的重力產生引力的效果

現在的宇宙

以宇宙之廣袤無垠，
出現人類並不足為奇

用來說明這個問題的概念，就是「人擇原理」。

我們往往會認為「宇宙只有一個」，但是在宇宙論的領域中，卻有人主張「除了我們居住的宇宙之外，還有許多個宇宙存在」。這樣的宇宙論稱為多重宇宙（multiverse）或平行宇宙（parallel universe）等等。多重宇宙有許多種不同的型態，例如，由最初的宇宙（親宇宙）生出子宇宙，再生出孫宇宙，像這樣，一代接一代不斷誕生無數個宇宙（插圖）。在這種情況下，子宇宙和孫宇宙的物理定律、物理常數極可能和最初的宇宙有所不同。

如果能接受多重宇宙的可能性，就會相信有無數個物理定律及物理常數不太一樣的宇宙。我們的宇宙具備了對於人類存在來說非常合適的條件，但是在為數如此眾多的宇宙中，難免湊巧會有這樣的宇宙存在，所以，會有這樣的宇宙，並不是什麼不可思議的事情。這就是人擇原理的概念。

事實上，我們正期待萬物理論的有力候選者「超弦理論」（superstring theory）為我們闡明物理定律及物理常數為什麼會成為現在這個樣態的原因。但實際上，現在已經預言了可能有無數種樣式的宇宙（物理定律及物理常數不一樣的各種宇宙）存在，因此有越來越多的物理學家接受了人擇原理的概念。只是，某個宇宙會演化成哪種樣式的宇宙，尚且無法依據這個理論來預言。

雖然已經陸續出現了超弦理論的預言等研究成果，促使人擇原理比較容易為人所接受，但是為什麼宇宙會演化成如今這種適合人類的樣態呢？這個問題還沒找到明確的答案。

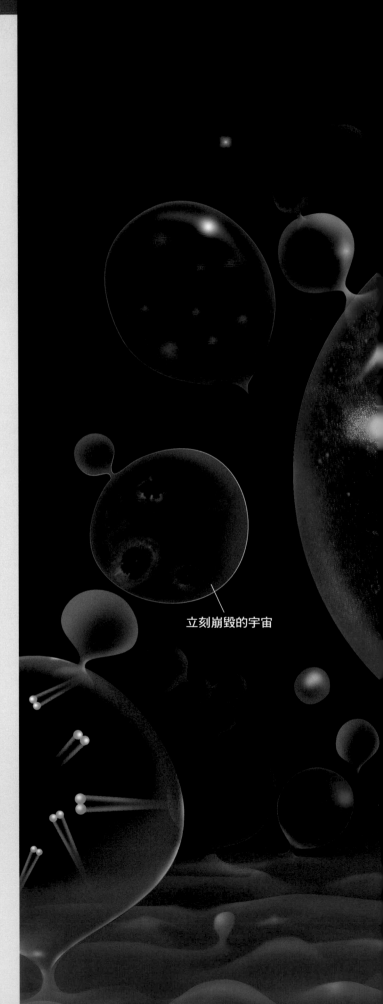

立刻崩毀的宇宙

無數個宇宙誕生的情景

有人認為，除了我們的宇宙，還有許多個宇宙存在。關於眾多宇宙誕生的
機制，有各式各樣的理論，圖示為其中一種說法。剛誕生的宇宙誕生了無
數個子宇宙，子宇宙又生出孫宇宙，孫宇宙又生出曾孫宇宙，像這樣，無
數個宇宙不斷誕生。這些宇宙和我們的宇宙可能在初期條件和物理定律、
物理常數都有所不同，因而呈現出完全不一樣的面貌。

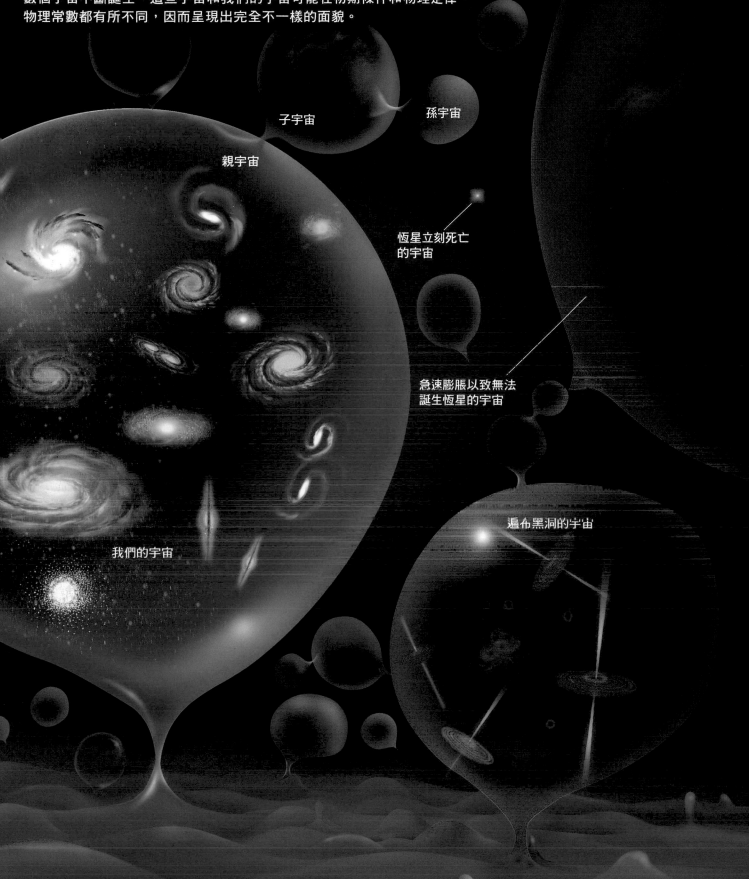

子宇宙

孫宇宙

親宇宙

恆星立刻死亡
的宇宙

急速膨脹以致無法
誕生恆星的宇宙

遍布黑洞的宇宙

我們的宇宙

物理的悖論

監修　高橋昌一郎

「相對論」和「量子論」堪稱現代物理學的兩大基礎理論，但其中有許多內容很難用我們日常的感覺去理解，也因此產生了許多相關的悖論。第 6 章將會介紹有關太空旅行及時光旅行的悖論，以及微觀世界中不可思議的悖論。

越接近光速，時間的進行越緩慢

「雙生子悖論」（twin paradox）是與愛因斯坦（Albert Einstein，1879～1955）相對論有關的著名悖論。在探討這個悖論之前，我們先來看看做為前提的相對論世界！

根據相對論，越接近光速，時間的進行會變得越緩慢。例如，想像一下從月球觀看一架以80％光速向右方飛行的太空船。太空船內和月球分別放著一個「光鐘」。光鐘是指一種在底部裝設光源，光從底部抵達頂端的時間剛好是1秒鐘的裝置。

先想像一下搭乘太空船的 A 觀測者看著太空船內的光鐘（1）。此時，A 觀測者所看到的光鐘，從光源發出的光是朝正上方射去。根據「光速不變原理」（光的速度不會改變，永遠是秒速30萬公里），這時的光是以秒速30萬公里朝正上方行進。

接著，想像一下月球的 B 觀測者（2）。太空船內的光鐘發出光，在光抵達上方的鏡子之前，太空船是朝右方飛行，所以 B 所看到的光應該是斜向朝右上方行進。而根據「光速不變原理」，B 觀測者所看到的光也是以秒速30萬公里在行進。

這裡有一個重點，就是斜軌跡的長度顯然比光鐘的高度還要長。由於架設在月球的光鐘，光線也是以相同的速度在行進（3），當月球光鐘的光經過1秒鐘，抵達上方鏡子的時候，從月球看到的太空船光鐘射出的光應該還沒有抵達上方的鏡子。由於要抵達上方的鏡子，太空船內才算經過1秒鐘，所以就月球的 B 觀測者來看，太空船內的1秒鐘比月球上的1秒鐘還要久。

太空船的速度越接近光速，時間的進行會變得越緩慢。太空船內時間的進行會延遲多久呢？這可以利用「畢氏定理」來求算（4）。

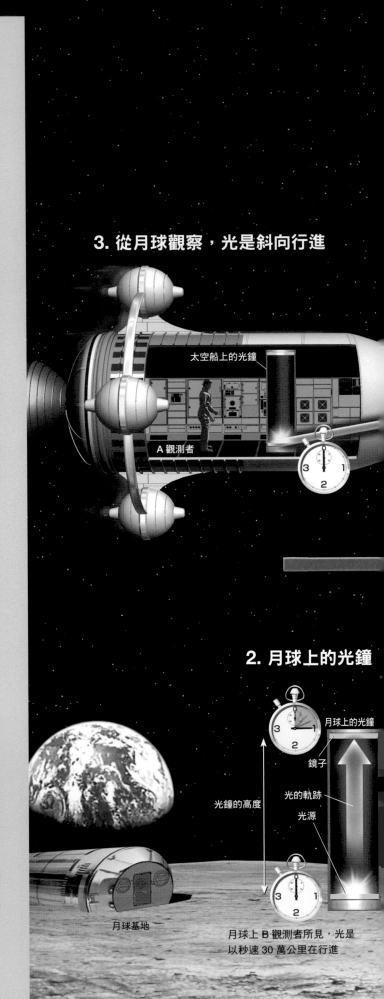

3. 從月球觀察，光是斜向行進

太空船上的光鐘

A 觀測者

2. 月球上的光鐘

月球上的光鐘

鏡子

光的軌跡

光源

光鐘的高度

月球基地

月球上 B 觀測者所見，光是以秒速 30 萬公里在行進

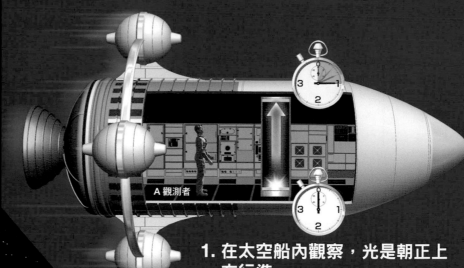

1. 在太空船內觀察，光是朝正上方行進

光鐘的高度
（與月面上光鐘的高度相同）

從月球基地觀察，光也是以秒速 30 萬公里在行進

軌跡

月球經過 1 秒鐘時，太空船內還沒有經過 1 秒鐘

A 觀測者

太空船的移動距離

月球上的 B 觀測者

4.利用「畢氏定理」求算時間延遲的公式

[從月球上看到的太空船內光鐘的光行進軌跡]
光速（c）× 月面上 B 觀測者所看到的時間（T）

光速（c）×
[光鐘的高度]
1 秒

[太空船的移動距離]
太空船的速度（v）× 月面上 B 觀測者所看到的時間（T）

假設月球上的 B 觀測者觀察 T 秒後，太空船內光鐘的光射入光偵測器。這麼一來，月球的光鐘指著 T 秒時，太空船內 A 觀測者的光鐘指著 1 秒。也就是說，太空船的時間比月球的時間慢了 T 倍。思考上方的直角三角形，可以利用畢氏定理建立一個求算時間延遲 T 的公式（★）。

$$(cT)^2 = (vT)^2 + c^2 \rightarrow (c^2 - v^2)T^2 = c^2 \rightarrow \left\{1 - \left(\frac{v}{c}\right)^2\right\} T^2 = 1$$

$$\rightarrow T = \frac{1}{\sqrt{1 - \left(\frac{v}{c}\right)^2}} \quad \cdots\cdots (\bigstar)$$

如本文所述，太空船以 80% 光速飛行，則（★）中的 v=0.8c，可得 T=1.67，亦即月球上已經過了 1.67 秒鐘，太空船內才過了 1 秒鐘（月面上過了 1 秒鐘，太空船內才過了 0.6 秒）。

地球上的弟弟比太空船上的哥哥還要老？

接下來，我們要進入悖論的正題。假設地球上有一對雙胞胎。哥哥前往距離地球 6 光年的巴納德星旅行，弟弟則留在地球上。哥哥搭乘的太空船性能非常優秀，無論如何加速、減速都能應付自如。

站在弟弟的立場，哥哥搭乘的太空船是以高速離開地球遠赴巴納德星，又以高速飛回地球。根據相對論，高速運動的物體時間會過得比較慢。也就是說，哥哥年齡增加的步調比弟弟慢，所以當他回到地球再度與弟弟相會時，變成弟弟的年紀比哥哥大很多。

另一方面，這個狀況可從搭乘太空船的哥哥立場來思考！根據愛因斯坦的「相對性原理」，沒辦法說哥哥和弟弟是哪一個人在移動，哪一個人為靜止，可以把兩個人都視為同等。也就是說，從哥哥的立場來看，以高速做運動（遠離而去）的人是留在地球上的弟弟。因此，弟弟的時間會延遲，弟弟的年齡增加得比較慢。亦即，兄弟倆再度相會時，應該是哥哥的年紀比較大。

但是，這麼一來，就和站在弟弟的立場來思考的結論相反了。各以兄第倆的立場來分別看待，則會得到相反的結論，如此不就出現矛盾了嗎？

這便是「雙生子悖論」的概要。是上面所說的結論有矛盾嗎？還是「運動物體的時間進行得比較慢」這個概念出了什麼差錯？

這個雙生子悖論從愛因斯坦的時代就困擾了許多人。那麼，要如何才能讓人完全理解並接受呢？在閱讀下一頁的解說之前，不妨先思考看看吧！

思考一下「雙生子悖論」

假設太空船的速度為秒速18萬公里（光速的60％）。地球與巴納德星的距離為 6 光年，所以往返的行程為12光年。光能夠以12年往返一趟，但是以60％光速飛行的太空船要花20年才行。

弟弟看到哥哥時間的延遲。根據相對論，在以60％光速運動的太空船內，時間的進行會減慢20％。也就是說，太空船內哥哥的時間只過了20年×0.8＝16年。

因此，當太空船回到地球的時候，弟弟會與小自己4歲的哥哥碰面。

哥哥離開地球所搭乘的太空船

留在地球上的弟弟

地球

巴納德星
巴納德星是距離太陽系
大約 6 光年的恆星

哥哥回到地球所
搭乘的太空船

搭乘太空船的哥哥

121

利用影像轉播的概念來思考解決方案

　　雙生子悖論的正確結論，是「留在地球的弟弟比搭乘太空船的哥哥年紀大」。我們可以用以下的設定，來思考這個悖論的一個解決方案。

　　假設太空船的飛行速度為光速的60％。前往巴納德星的單程距離為 6 光年，往返為12光年。還有，為了簡化起見，不考慮太空船的加速和減速。也就是說，假設全程都以光速的60％行進，而且在折返點也是一瞬間就朝反方向掉頭折返。

　　這麼一來，太空船就能以20年的時間往返一趟。從弟弟來看，太空船內的時間延遲了20％，也就是說，哥哥只過了16年（計算方法請參照第119頁）。

　　接下來，使用攝錄影機拍攝自己的影像，利用電波把這個影像傳送給對方。無論從哪個人的立場來看，哥哥的16年都完全契合地對應於弟弟的20年。

　　首先，我們來確認一下，移動物體的影像在觀測者看來會是什麼情景！在這個時候，必須考慮到狹義相對論造成的時間延遲，以及訊號傳送距離的變動所造成的時間變動。

從遠離而去的哥哥所送出的光訊號間隔

　　假設，以60％光速遠離地球而去的哥哥，依照其時鐘指示，每 2 年朝地球上的弟弟發出一個光訊號。對於弟弟來說，哥哥時鐘的進行速度延遲為0.8倍，所以哥哥的 2 年相當於弟弟的2.5年，相差0.5年（狹義相對論所造成的時間延遲）。

　　在2.5年間，以60％光速飛行的太空船前進了2.5年×0.6＝1.5光年。也就是說，某個光訊號較上一個訊號所傳送的距離要長了1.5光年。在這個情況下，光訊號的傳送時間也多花了1.5年（訊號傳送距離的變動所造成時間的變動）。

　　哥哥每 2 年發送一次光訊號，但是弟弟接收到光訊號的時候，這個間隔必須加上狹義相對

1. 弟弟觀看哥哥的影像

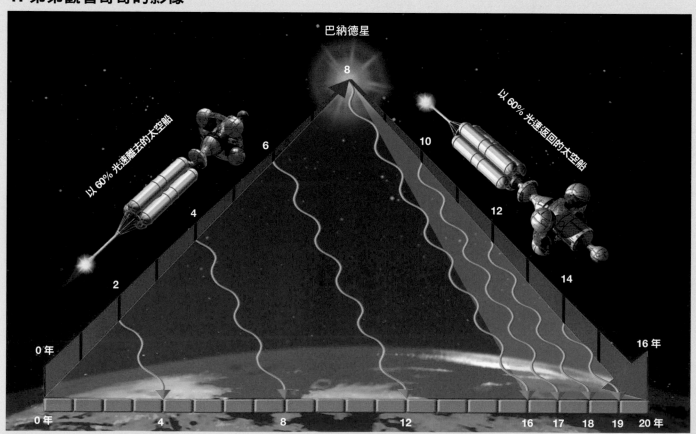

哥哥前往巴納德星的 8 年份影像，弟弟花了 16 年才看完。而哥哥返回的 8 年份影像，弟弟花 4 年就看完了。

論造成的時間延遲，以及訊號傳送距離的變動所造成的時間變動，成為 2＋0.5＋1.5＝4 年。如果不是以單一的光訊號而是以連續的影像來考量，則哥哥 2 年份的影像，弟弟要花 4 年才能看完。同理，哥哥觀看離他而去的弟弟 2 年份的影像，也是要花上 4 年才能看完。

從接近而來的哥哥所送出之光訊號間隔

另一方面，假設哥哥以 60％ 光速朝地球接近。當哥哥每 2 年發送一次光訊號時，依據狹義相對論造成的時間延遲是 0.5 年。太空船接近地球時，某個光訊號較之上一個訊號所傳送的距離要短 1.5 光年，所以光訊號的傳送時間會減少 1.5 年。

因此，對於哥哥來說，是以 2 年的間隔發送一次光訊號，但是當弟弟接收到光訊號的時候，這個間隔必須加上狹義相對論造成的時間延遲，再減去訊號傳送距離的變動所造成的時間變動，成為 2＋0.5-1.5＝1 年。如果不是以單一的光訊號而是以連續的影像來考量，則哥哥的 2 年份影像，弟弟只要花 1 年就能看完。同理，哥哥觀看接近而來的弟弟之 2 年份影像，也是只要花 1 年就能看完。

兩者都能圓滿說明

那麼，我們以弟弟的立場來考察哥哥影像的狀況（1）。哥哥花了 8 年的時間飛抵巴納德星。這 8 年份的影像，弟弟要花 16 年才能看完。回程時，哥哥也是花了 8 年回到地球。可這 8 年份的影像，弟弟只要花 4 年就能看完。由此可知，哥哥的往返 16 年和弟弟的留守 20 年完全對應。

接著，再來思考一下，站在哥哥的立場觀看弟弟影像的狀況（2）。哥哥花了 8 年的時間飛抵巴納德星，在這 8 年期間，哥哥看完弟弟 4 年份的影像。在回程的 8 年期間，哥哥看完弟弟 16 年份的影像。如此這般地，兩者都能毫無矛盾地圓滿闡釋時間悖論的疑慮。

不過，這個解決方案是基於「以 60％ 光速飛行的太空船，在一瞬之間掉頭折返」等假設，實際上這是不可能做到的。接下來將介紹更貼近現實的解決方案。

2. 哥哥觀看弟弟的影像

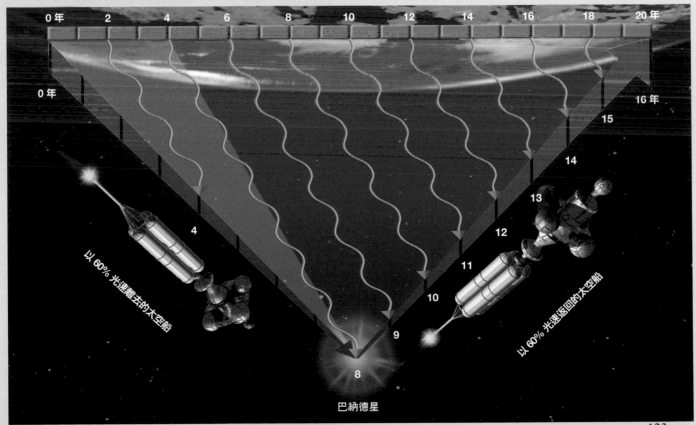

哥哥在前往巴納德星的 8 年期間，看了弟弟 4 年份的影像。而哥哥在返回的 8 年期間，看了弟弟 16 年份的影像。

123

重力強的場所，時間會延遲

前頁的解決方案，是依據狹義相對論而構思的解決方案，其中包含了「瞬間掉頭折返」等等實際上不可能達成的假設。如果利用愛因斯坦的廣義相對論來理解將會更簡單。接著就先來概要地談談廣義相對論。

廣義相對論是狹義相對論再加上重力因素的理論。狹義相對論是觀測者從慣性系統（靜止或做等速直線運動的狀態）來看時能予成立的理論。另一方面，廣義相對論則可以說是觀測者從加速的太空船內之類的系統，亦即所謂加速度系統來看時也能成立的理論。加速度系統除了速度增減的狀況之外，也包括加速方向隨著時間改變的狀況。

依據廣義相對論，從做加速度運動的狀況來看時顯現的「慣性力」，本質上可以視為與重力相同。這稱為「等效原理」（equivalence principle）。廣義相對論就是建立在等效原理的基礎上。

例如，有一架沒有窗戶的太空船一邊加速一邊行進（1）。這個時候，太空船內的乘員身上會承受向下的「慣性力」。這個慣性力和重力並無法區分。

此外，根據廣義相對論，在大質量恆星附近這種重力較強的場所，時間的進行會延遲（2）。在雙生子悖論中談到，從哥哥的立場來看，弟弟的時間會延遲；從弟弟的立場來看，哥哥的時間會延遲，因此產生了矛盾。但是，重力所造成的時間延遲，則是在重力較強的場所，時間必定會延遲，和狹義相對論的「彼此相對」的時間延遲並不相同。在連光也會被吞噬的重力超強的黑洞之境界處，理論上，時間會停止。

下一頁將試著以等效原理和重力造成的時間延遲為基礎來探討雙生子悖論。

2. 重力強的場所，時間會延遲

由於重力弱，時間的進行比較快

1. 慣性力和重力相同

由於慣性力而產生「重力」

加速的方向

慣性力（相當於重力）

地面　重力

由於重力強，時間
的進行比較慢

具有大質量的恆星

依據廣義相對論而構思的解決方案

那麼，讓我們利用廣義相對論做出以下的假設，來思考雙生子悖論。在地球上啟動太空船的引擎，以一定的加速度飛往巴納德星（設此期間為 A 期間）。在抵達地球和巴納德星的中途點（距地球 3 光年之處），啟動逆噴射，減速飛往巴納德星（B 期間）。當抵達巴納德星的時候，速度剛好為零，開始折返。同樣地，先加速（C 期間），到中途點再減速（D 期間），抵達地球的時候，速度剛好為零。

首先，我們來看看，在各段期間，兄弟倆於時間進行狀況上的差異。

依據等效原理，在 A 期間，由於太空船的加速運動，因而產生了朝地球方向的「虛擬重力」（virtual gravity）。這麼一來，由於哥哥承受比較強的重力，所以他的時間進行會延遲。

而在B期間，重力的方向反轉。由於太空船在做減速運動，所以產生了朝巴納德星方向的「虛擬重力」。這麼一來，由於哥哥承受比較大的重力，所以他的時間進行會延遲。

接著，在 C 期間，由於太空船在做加速運動，所以產生了朝巴納德星方向的「虛擬重力」。這麼一來，由於哥哥也是承受比較大的重力，所以他的時間進行會延遲。

同樣地。在 D 期間，由於太空船是在做減速運動，所以產生了朝地球方向的「虛擬重力」。因此，同樣地，由於哥哥承受比較大的重力，所以他的時間進行會延遲。

總而言之，在每段期間，哥哥的時間進行都會延遲。也就是說，當兄弟兩人再度碰面時，將會是「哥哥比弟弟年輕」（弟弟比哥哥的年紀來得老）。🪐

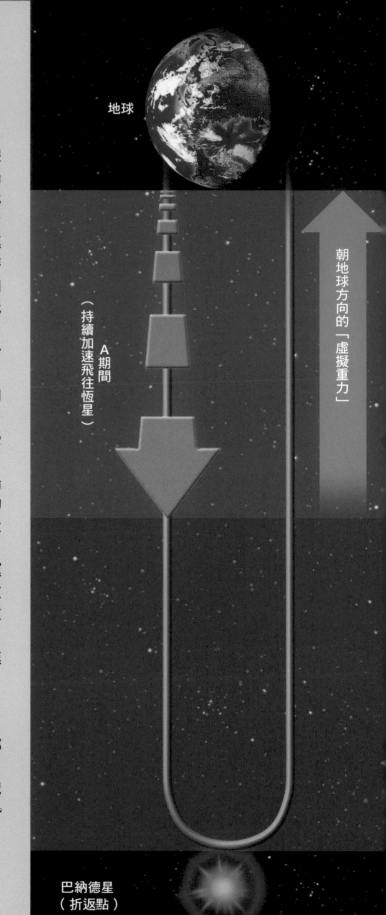

地球

持續加速飛往恆星）A 期間

朝地球方向的「虛擬重力」

巴納德星（折返點）

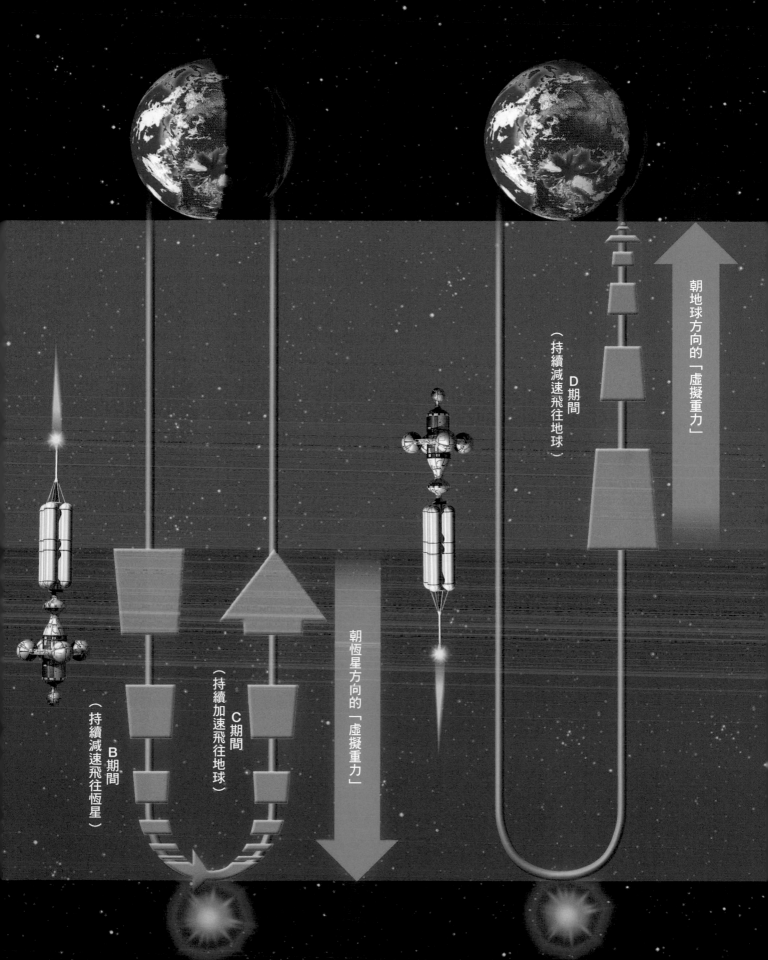

B 期間
（持續減速飛往恆星）

C 期間
（持續加速飛往地球）

D 期間
（持續減速飛往地球）

朝恆星方向的「虛擬重力」

朝地球方向的「虛擬重力」

微觀粒子能夠同時存在於多個場所

接下來，要介紹物理學家薛丁格（Erwin Schrödinger，1887～1961）所提出的悖論「薛丁格的貓」（Schrödinger's cat）。「薛丁格的貓」是一個和「量子論」有關的悖論。因此，我們必須先來了解一下，量子論中不可思議的世界。

量子論是說明微觀世界中物質動態的理論。原子之類的微觀粒子，會表現出和我們認知不同的動態。例如，電子等微觀物質同時具有波的性質和粒子的性質。

電子具有波的性質，你對這一點感到意外嗎？現在，我們來看看「電子的雙狹縫實驗」，讓人不得不認同電子確實具有波的性質！實驗過程是從電子鎗持續逐個發射電子，再記錄電子抵達屏幕的痕跡。在電子鎗和屏幕之間，放置一個有兩道狹縫的板子。

如果電子是粒子，就應該只會在電子鎗和各狹縫之延長線上的屏幕周邊留下電子的痕跡。但實際上，屏幕上卻形成了稱為「干涉條紋」的紋狀圖案。這個結果唯有以電子具有波的性質才能解釋。另一方面，若取走狹縫板子，電子鎗直接朝屏幕發射電子，則每次在屏幕上留下的痕跡都只有一點。由此可知，電子也具有粒子的性質。

進一步，根據量子論，電子等微觀物質能夠採取「多態並存的狀態」。假設有一個虛擬的小箱子，在中央插入一片隔板，把箱子內部分成兩個隔間，則這個小箱子內的一個電子，位於左側隔間的狀態和位於右側隔間的狀態是並存著。如果「觀測」這個多個狀態並存的電子，則會發現電子處於其中某一個狀態。

這個現象要如何說明呢？根據許多研究者採用的「哥本哈根詮釋」（Copenhagen interpretation），一旦進行觀測，則原本分布於某個範圍的波會「塌縮」（collapse），而呈現出粒子的特徵。至於會在什地方觀測到粒子，只能以機率去做預測。

電子的雙狹縫實驗

若假設電子是單純的粒子，則應該無法形成干涉條紋，只會在狹縫前方的鄰近之處留下電子的痕跡（上），但實際上卻形成了干涉條紋，這顯示電子具有波的性質。而且，只有以在雙狹縫的前方，「電子通過上方狹縫的狀態」和「電子通過下方狹縫的狀態」為並存，才能解釋這個現象。由於這兩個狀態發生了干涉，才會產生干涉條紋。

假設電子是單純的粒子……

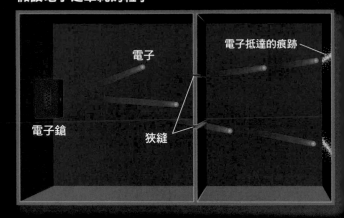

電子

電子鎗

電子抵達的痕跡

狹縫

實際上形成了干涉條紋！

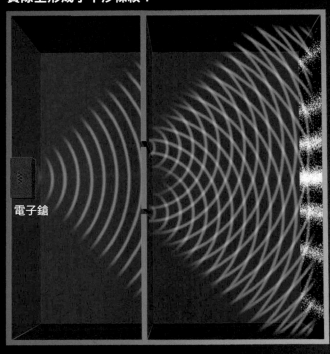

電子鎗

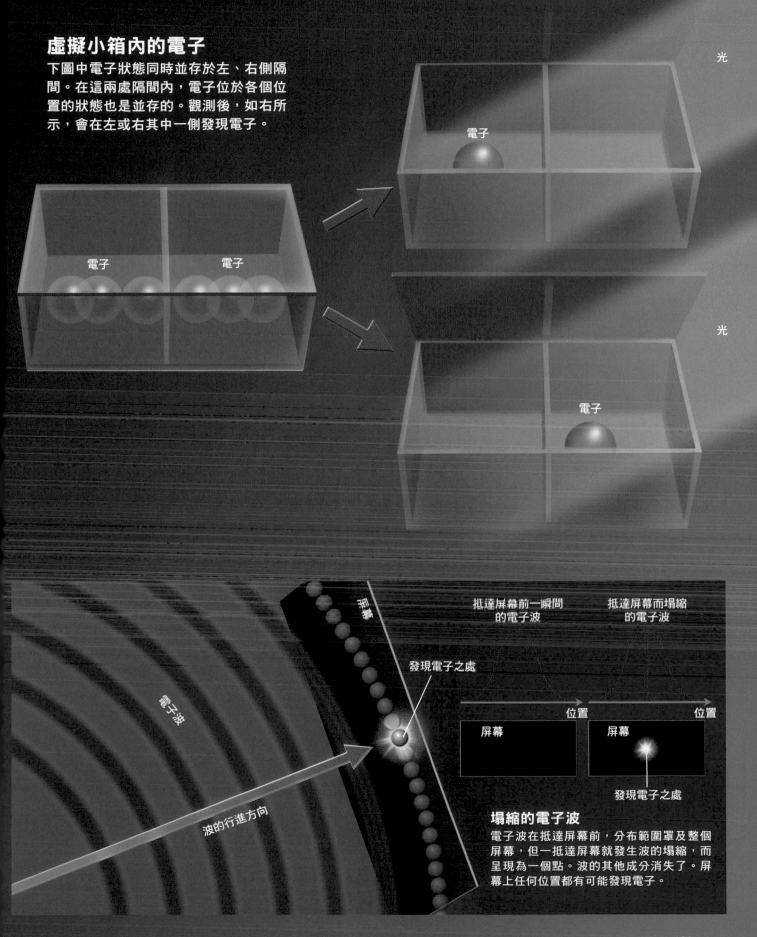

虛擬小箱內的電子

下圖中電子狀態同時並存於左、右側隔間。在這兩處隔間內，電子位於各個位置的狀態也是並存的。觀測後，如右所示，會在左或右其中一側發現電子。

光

電子

電子

電子

光

電子

屏幕

抵達屏幕前一瞬間的電子波

抵達屏幕而塌縮的電子波

發現電子之處

電子波

位置

位置

屏幕

屏幕

波的行進方向

發現電子之處

塌縮的電子波

電子波在抵達屏幕前，分布範圍罩及整個屏幕，但一抵達屏幕就發生波的塌縮，而呈現為一個點。波的其他成分消失了。屏幕上任何位置都有可能發現電子。

129

「半生半死的貓」是否存在 ??

根據量子論，電子之類的微觀粒子會因觀測而發生波的塌縮，呈現出粒子的特徵。關於這一點，有些學者認為，「觀測裝置也是由原子所構成，所以依循量子論，理應不會由於觀測裝置而導致波的塌縮。塌縮必定是發生於人類在腦中認知測定結果的時候」。對於這樣的說法，薛丁格提出了下述「薛丁格的貓」的思想實驗加以批判。

鈾之類的原子，會在經過一段時間之後，原子核發生衰變而發出輻射線。根據量子論，這樣的原子，其原子核已衰變和還未衰變，這兩狀態是「並存」著的。要在實際觀測時，才會決定原子核是否已經衰變。

現在，把輻射線偵測器以及與其連動的毒氣產生裝置，再加上一隻貓，一起放入一個無法看到內部的箱子裡。並且在偵測器前面放一塊礦石，其中含有會放出輻射線的鈾原子。如果鈾的原子核發生衰變而放出輻射線，裝置會因連動反應而產生毒氣，把貓毒死。也就是說，原子核的衰變和貓的生死有連動關係。

這個時候，在觀測箱子內部之前，「原子核已衰變和未衰變的鈾是並存著的」。這件事等於是說「貓是活是死的狀態是共存的」。

薛丁格表示不可能有半生半死的貓這種荒謬的情況存在，藉此批判本文開頭所述的詮釋。

後來，許多科學家採用的標準哥本哈根詮釋，主張「輻射線偵測器這個巨觀物體在偵測到輻射線的階段，原子核的波發生塌縮，破壞了原子核的並存狀態」。但是，「發生波之塌縮的原因是什麼？」這個問題並沒有獲得解決。直到現在，量子論的詮釋本身尚未建立一致性的見解。

下一頁我們再利用量子論的另一個詮釋，來思考薛丁格的貓！

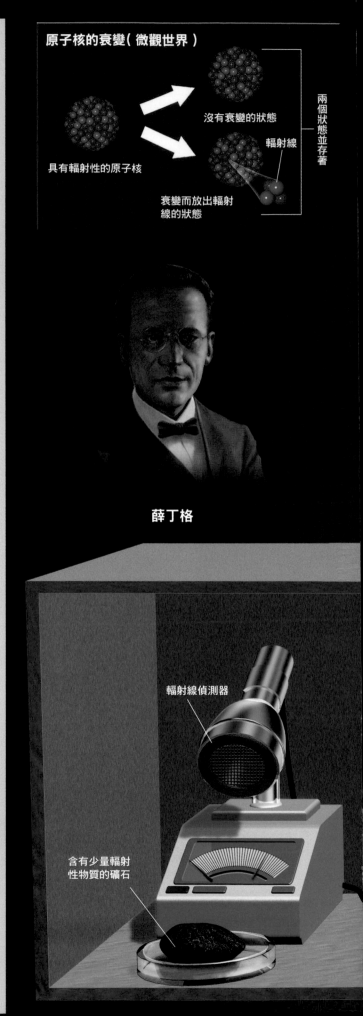

原子核的衰變（微觀世界）

具有輻射性的原子核

沒有衰變的狀態

輻射線

衰變而放出輻射線的狀態

兩個狀態並存著

薛丁格

輻射線偵測器

含有少量輻射性物質的礦石

「薛丁格的貓」的思想實驗
（巨觀世界會發生「狀態並存」嗎？）

觀測者

在打開窗子之前，
不知道貓是活是死

在打開窗子進行觀測之前，貓
活著和死亡的狀態是並存的？？

活的貓

死的貓

如果偵測器偵測到輻射
線，鐵鎚會敲破瓶子

瓶子裡裝有會產
生毒氣的液體

如果瓶子破裂，
就產生毒氣

貓活著和死亡的兩個世界是並存的!?

量子論還有其他許多個詮釋,其中一個稱為「多世界詮釋」(many-worlds interpretation)。以下就來介紹什麼是多世界詮釋,以及依據多世界詮釋來思考「薛丁格的貓」會產生什麼結論。

現在,量子論詮釋的主流是「哥本哈根詮釋」,這個詮釋主張,原本並存的多個狀態會因為觀測而決定一個。但是在這個時候,沒有被觀測到的狀態究竟到哪裡去了呢?哥本哈根詮釋並沒有提出說明。

另一方面,多世界詮釋則主張,在觀測後,多個狀態仍然殘留著。也就是說,人觀測到電子在 A 位置的世界和人觀測到電子在 B 位置的世界產生分歧。因此,依據多世界詮釋的主張,就不再需要端出「波的塌縮」這個想法了。而且,不只微觀的世界,就連巨觀的觀測

主張世界會分歧的「多世界詮釋」

觀測者

光

在A位置發現電子的世界

觀測者

光

在B位置發現電子的世界

世界分歧

小箱子中的電子
位於A位置和位於B位置的狀態是並存的

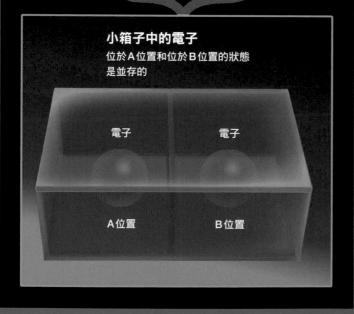

電子　　　　電子

A位置　　　　B位置

依據多世界詮釋而思考的各種宇宙

沒有誕生天體而只有氣體的宇宙

只有幽暗恆星的宇宙
沒有聚集足夠數量的氣體,
未能誕生自行發光的恆星

幽暗恆星(褐矮星)

遍布星系的宇宙

星系

圖中右邊只畫出幾個分歧的世界,但事實上,世界不斷分歧成無數個

裝置及人類，也能夠全部利用量子論的框架做整體的思考，這一點可以說是它的特色。

利用多世界詮釋來思考宇宙的誕生，則宇宙從誕生之後就不斷分歧，演變出沒有孕育任何天體的宇宙和遍布黑洞的宇宙，以及與我們宇宙相似的宇宙等等，有無數個宇宙存在。我們的宇宙也是其中之一。像這樣，由於它主張有許多個宇宙同時平行存在，所以稱之為多世界詮釋。

那麼，依據多世界詮釋來思考「薛丁格的貓」會得到什麼結論呢？依據多世界詮釋的想法，「貓活著和死亡的世界是並存的」。這並非意味著「半生半死的貓」，而是表示，在各個不同的世界中，某些世界貓是處於死亡的狀態，在某些世界中則處於活著的狀態。因為各個分歧開來的世界彼此之間並不會相互干涉，所以分歧後的每個世界都是各自獨立的世界。 🪐

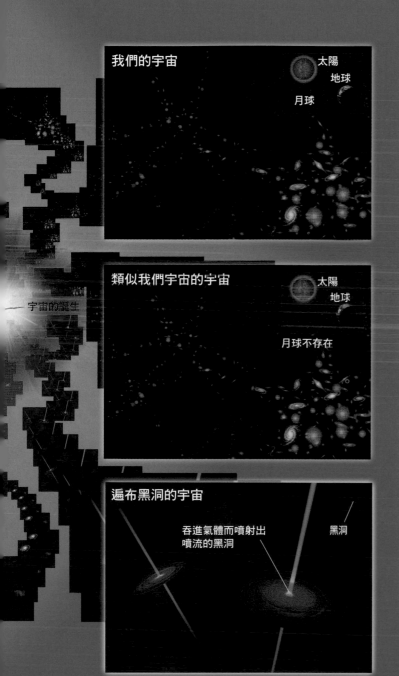

我們的宇宙
太陽
地球
月球

宇宙的誕生

類似我們宇宙的宇宙
太陽
地球
月球不存在

遍布黑洞的宇宙
吞進氣體而噴射出噴流的黑洞
黑洞

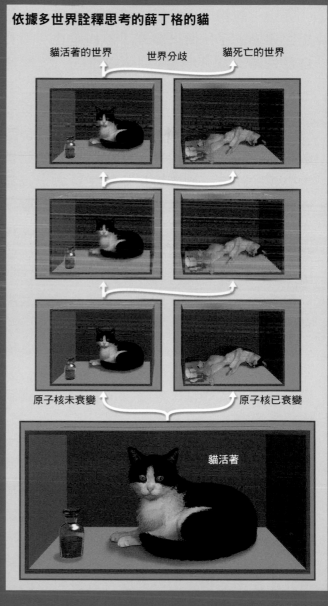

依據多世界詮釋思考的薛丁格的貓

貓活著的世界　世界分歧　貓死亡的世界

原子核未衰變　　原子核已衰變

貓活著

回到過去的時光旅行所帶來的矛盾

　　當人們想要搭乘時光機器回到過去或前往未來時，便會產生種種悖論。這些問題統稱為「時間悖論」（time paradox）。

　　假設有一個能夠回到過去的「時光隧道」（圖中上半部分）。有個少女打算進入時光隧道的入口，她想要回到過去，阻止過去的自己進入時光隧道的入口。那麼，她能夠順利阻止過去的自己進入時光隧道的入口嗎？

　　假設「能夠阻止」吧！這麼一來，少女就不能回到過去了，所以變成「不能阻止」過去的自己做時光旅行。假設「能夠阻止」，卻推演出「不能阻止」的結論，這就出現矛盾了。

　　再思考看看以下這個例子（圖中下半部分）。有個少女買了一本暢銷小說，然後回到數年前，把這本小說拿給當時還沒有開始寫這本小說的作者。作者後來直接把這本小說當做自己的作品發表，並且成為暢銷書。那麼，這本小說真正的作者是誰？或者，根本沒有作者？也就是說，這本小說的內容完全是憑空冒出來的？

　　包含物理學在內，所有科學的大前提之中，有一個「因果律」。所謂的因果律是指「所有現象都有其原因」，這個原因在時間上必須比結果更早成立（也有相反地從「因果律」來定義「時間」的想法，若要深入探討這個議題將會過於複雜）。

　　從上面兩個例子可知，假設能夠回到過去，則結果（未來）就能影響原因（過去），可能會導致因果律崩解。因此，許多科學家對於回到過去的時光旅行的可能性，均抱持著否定的看法。

　　但是，或許並非必然如此。從下一頁開始，將介紹使回到過去的時光旅行或許可行的「沒有矛盾」的詮釋。

回到過去時光旅行帶來的悖論

上半部分顯示「回到過去，阻止自己回到過去」的狀況。這是一個矛盾的假設。下半部分顯示「回到過去，把這本小說拿給還沒有開始寫小說的作者」的狀況。這變成了小說內容不知從何而來的怪事。

A-2. 回到過去

B-2. 回到過去

回到過去的時光旅行

A-3. 能夠阻止過去的自己進入時光隧道嗎？

A-1. 進入「時光隧道」入口

時間軸
（未來側）

回到過去的時光旅行

B-3. 把小說拿給作者的話⋯⋯？

B-1. 進入「時光隧道」入口

時間軸
（未來側）

只要考量「過去無法改變」，即可避開矛盾

我們可以設想一些狀況，使得就算能夠回到過去，也不致產生矛盾。那就是考量「歷史絕對無法改變」。

圖中上半部分左側，是撞球所歷經的回到過去之例。球在時刻為0秒時開始從左下方朝右上方前進，45秒後進入時光隧道的入口。接著，往過去倒回30秒，再從出口出來。然後直線前進，在時刻為30秒時撞上過去的自己。撞擊的結果，使得球無法進入時光隧道的入口。這樣一來，就產生了矛盾。

右側圖中所做的假設又是什麼呢？球在時刻為0秒時開始從左下方朝右上方前進，30秒後撞上「某個物體」，導致前進路線稍微改變了。結果，進了時光隧道的入口。接著，往過去倒回30秒，再從出口出來。然後直線前進，在時刻為30秒時撞上過去的自己。

也就是說，從開始起30秒後撞上的「某個物體」是未來的自己。如果是這類回到過去的時光旅行，就不會產生矛盾。

我們並沒有「自由意志」？

上半部分右圖的例子，雖然因為時光旅行而對過去造成了影響，但歷史並沒有改變。無論是球做了回到過去的時光旅行也好，撞上過去的自己而稍微改變路線也好，這些可以說是在歷史中都已經註定了。

但是，如果允許回到過去的時光旅行都是這類情況，又會產生另一個疑問。我們堅信是依照「自由意志」來決定自己的行動，但若即使回到過去也無法改變歷史（圖中下半部分），好像就會變成我們「沒有自由意志」了。

不致產生矛盾的時光旅行

右頁上圖為撞球所歷經的時光旅行兩例。左邊是會產生矛盾而不可能的時光旅行，右邊是不會產生矛盾而或許有可能的時光旅行。

右頁下圖為人類所經驗的時光旅行之例，因為不會產生矛盾，所以或許有可能實現。

無法改變過去的時光旅行之例（下）

少女進入時光隧道（1），回到過去（2），打算在那裡阻止過去的自己進入時光隧道。不料，半途中突然遇到有人向她問路，使她停下腳步（3）。這個時候，過去的少女進入了時光隧道。

在這個例子中，少女雖然回到過去，但沒有成功改變歷史。如果無論怎麼努力，歷史都無法改變的話，則即使做了回到過去的時光旅行，也不致產生矛盾。少女未能成功地改變歷史，這也是「命中註定」的事。不過，假設真是如此，似乎就變成了少女無法依據本身的意志採取行動（在這裡指擺脫問路的人，阻止過去的自己做時光旅行等等）。

時間軸
（過去側）

時光隧道出口

少女

2. 回到過去

＊下兩圖為依據『黑洞與時空的扭曲』（Black Holes and Time Warps，Kip Stephen Thorne著，白揚社）的插圖繪製而成。

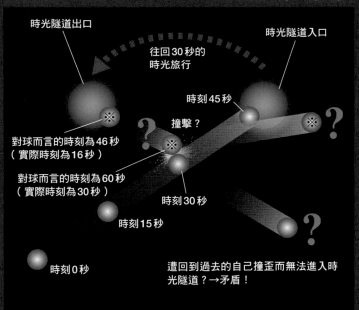

時光隧道出口

往回30秒的
時光旅行

時光隧道入口

時刻45秒

撞擊？

對球而言的時刻為46秒
（實際時刻為16秒）

對球而言的時刻為60秒
（實際時刻為30秒）

時刻30秒

時刻15秒

時刻0秒

遭回到過去的自己撞歪而無法進入時
光隧道？→矛盾！

會產生矛盾的時光旅行
這樣的時光旅行是不可能發生的。圖中時光旅行後的球加上「※」記號以便
於區別。

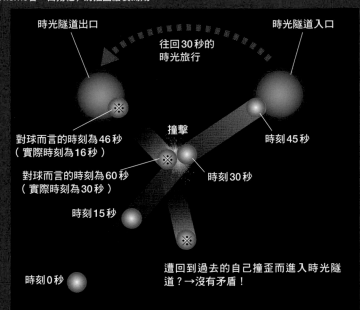

時光隧道出口

往回30秒的
時光旅行

時光隧道入口

撞擊

對球而言的時刻為46秒
（實際時刻為16秒）

時刻45秒

對球而言的時刻為60秒
（實際時刻為30秒）

時刻30秒

時刻15秒

時刻0秒

遭回到過去的自己撞歪而進入時光隧
道？→沒有矛盾！

不會產生矛盾的時光旅行
這樣的時光旅行或許有可能發生。圖中時光旅行後的球加上「※」記號以便
於區別。

回到過去的時光旅行

向少女問路
的人

時光隧道入口

時間軸
（未來側）

做時光旅行而來的
少女（打算阻止過
去的自己做時光旅
行，但被迫停下腳
步而失敗。）

現在想做時光
旅行的少女

進入時光隧道
入口的少女

3. 無法成功地改變歷史

1. 進入「時光隧道」的入口

如果「平行世界」存在，則歷史可以被改變!?

　　為了解決回到過去的時光旅行所產生的矛盾，科學家提出了許多方案，其中之一就是假設「平行世界」（parallel world）。這是由第132～133頁所介紹的量子論「多世界詮釋」衍生而來的想法。

　　假設某種輻射性物質的原子核以1天的半衰期發生衰變（分解成其他原子核）。順帶一提，假設原子核「在1天之內發生衰變的機率」是50％，「過了1天仍然沒有衰變的機率」也是50％。接著，假設在1天後觀測到原子核的衰變。

　　在這個狀況下，根據多世界詮釋的主張，原子核沒有發生衰變的另一個世界（平行世界）也是實際存在。也就是說，「經過1天後原子核已經發生衰變的世界」和「經過1天後原子核沒有發生衰變的世界」是並存的（下圖）。

　　如果認同多世界詮釋，就能消除時光旅行所產生的矛盾。根據多世界詮釋的想法，在時光旅行者回到過去改變了歷史的場合，時光旅行者是移動到「另一個發展出和原本之未來不同歷史的世界」。即使時光旅行者改變了過去，但因為原本之未來仍然存在，所以不會產生矛盾（右頁圖）。

無法藉由時光旅行拯救世界？

　　不過，根據這個詮釋，即使回到過去改變了歷史，也完全不會影響到原本世界的歷史。這麼一來，科幻小說裡經常出現的「為了改變遭受惡人統治的世界，回到過去剷除它的根源，以拯救原本的世界」之類的情節就再也無法成立了……。🪐

根據多世界詮釋而回到過去的時光旅行

少女做時光旅行回到過去（1，2）。假設她後來阻止了過去的自己做時光旅行（3）。即使是發生這個狀況，由於少女所來的原本世界仍然存在，所以不會產生矛盾。

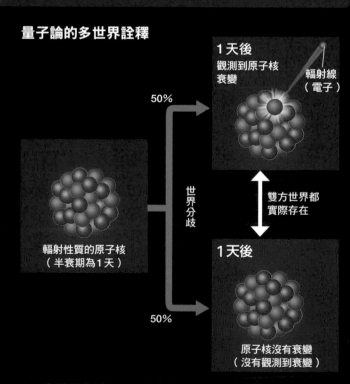

量子論的多世界詮釋

50%

1天後
觀測到原子核衰變

輻射線（電子）

世界分歧

雙方世界都實際存在

輻射性質的原子核（半衰期為1天）

1天後

50%

原子核沒有衰變（沒有觀測到衰變）

多世界詮釋是把適用於微觀層次的量子論「機率詮釋」擴展到整個世界的理論。主張在機率上能有許多個世界實際存在，其中一個是我們實際經驗的現實。這個詮釋在數學上和機率詮釋同等，但完全分歧後的兩個世界為「互相斷絕」，無法從一方的世界確認他方世界的存在。因此，無法藉由實驗檢證這個詮釋是否正確。

回到過去的時光旅行

2. 回到過去

時間軸
（過去側）

少女

1. 進入「時光隧道」入口

時間軸
（未來側）

少女

即使改變歷史，少女所來的
「原本世界」仍然存在

3. 改變歷史

時間軸
（未來側）

分歧後的世界歷史演進

想做時光旅行的少女

阻止過去的自己做
時光旅行的少女

量子論與「光速不變原理」有矛盾!?

在這裡介紹另一個與量子論有關的悖論。

愛因斯坦認為:「量子論並不完備,將來『完備的理論』問世後,哥本哈根詮釋應該會被否定。」1935年,他和共同研究者波多爾斯基(Boris Podolsky,1896~1966)、羅森(Nathan Rosen,1909~1995)一起發表了批判量子論的論文。這篇論文所指謫的主題,採取三個人的姓名字首,稱為「EPR悖論」(Einstein-Podolsky-Rosen paradox)。

愛因斯坦等人在這篇論文中提出了一個內容為「若假設量子論為正確,則會得到不合理的結論(悖論)」的思想實驗,試圖利用這個思想實驗為例,主張量子論不是完備的理論。

根據量子論,電子會自轉(嚴格來說,是「自旋」這個量子論的物理量),在觀測之前,右旋的狀態和左旋的狀態可以同時存在。這個並存的狀態稱為「量子疊合狀態」。進一步,兩個處於「量子纏結」(quantum entanglement)這種量子論狀態的電子,原本在觀測之前,各自處於右旋和左旋的自轉疊合狀態,但若由於觀測的關係,決定了其中一個電子的自轉(自旋)方向,則另一個電子的自轉方向也會同時確定是與其相反的方向。這是為了維持某種守恆律的關係,所以兩個電子的自轉方向總合起來必須為零。

讓我們以處於量子纏結狀態的兩個電子(電子1和電子2),從同一處各朝不同方向飛出去的反應為例,來考量愛因斯坦等人的思想實驗吧!

假設電子1和電子2從同一處朝相反的方向飛

EPR悖論的思想實驗例子

電子1

右旋和左旋並存的狀態

兩個電子從同一處飛出

電子1往左飛

觀測電子2的同時,電子1的自旋方向也確定

兩個電子處於量子纏結狀態的示意圖

根據量子論,曾經有過某種交互作用的兩個粒子(此處是兩個電子),後來不論相距多遠,只要一方的狀態決定了,另一方的狀態也會在瞬間同時決定。兩個粒子處於這樣的狀態,稱為「量子纏結」。

出去。這麼一來，在還沒有開始觀測的階段，電子1和電子2都處於右旋和左旋自轉同時並存的狀態。

後來，如果藉由觀測，確定了電子2的自轉是右旋，則不論兩個電子相距多遠，在這個瞬間，電子1的自轉就會確定為左旋。反之亦然，如果藉由觀測，確定了電子2的自轉是左旋，則在此瞬間，電子1的自轉就會確定為右旋。

愛因斯坦等人認為，在這個思想實驗中，一方的影響竟然沒有時間差而在「瞬時」傳達給距離非常遙遠的另一方，這是不可能的。根據「光速不變原理」，自然界最快的應該是光速。因此，不會有一個電子的影響以超越光速的速度傳達給另一個電子這回事。

愛因斯坦等人認為，如果影響不是在「瞬時」傳達，那麼在兩個電子開始分離的最初時間點，電子的自轉方向就已經決定了，然而現在的量子論卻主張這個時候還無法確定。因此，他們批判「量子論並不完備」。

但後來愛爾蘭物理學家貝爾（John Stewart Bell，1928～1990）發現，如果真的如同愛因斯坦等人所言，電子的自轉方向從最初就已經決定了，就會得到和量子論矛盾的結論。貝爾提出了一個用來判別何者正確的實驗，隨後於1981年，依據貝爾的提案而實施的實驗首度出現了具有可信度的結果，確認量子論為正確。

根據量子論，兩個電子並沒有在瞬時傳達影響，但因為有量子纏結的現象，所以受到觀測的兩個電子之自轉方向永遠是相反的。在量子論中，必須把不論相距多遠都是「糾纏在一起」的兩個電子之狀態視為一組來思考，不能各別探討其中單一電子的性質。 ☙

電子2往右飛

右旋和左旋並存的狀態

電子2

觀測

不論相距多遠，對電子2的觀測都會在瞬間影響到電子1

因為觀測電子2，使得電子2的自旋方向確定

無限的悖論

監修　高橋昌一郎

顧名思義，「無限」就是「沒有極限」。捉摸不定的無限世界著實難以想像，因此產生了各式各樣關於無限的悖論。第7章將透過悖論來加以探討無限的神奇世界。

使「2＝1」能成立的奇妙「證明」

　　以下介紹一個很奇妙的「證明」，竟然利用各邊邊長都是1的正三角形，證明了「2＝1」成立。

　　首先，假想一個各邊邊長都是1的正三角形ABC。邊AB和邊BC的長度都是1，把它們的長度加起來當然就是2。接著，從邊AB的中點和邊BC的中點分別往邊AC的中點畫線。於是作出2個邊長為1/2的新正三角形。

　　把這2個新正三角形的上方4個邊想像成A往C的折線，則這條折線是由4條長度1/2的線段所構成，這條折線的長度當然是和原來大三角形邊AB與邊BC的長度總和（＝2）相同。

　　利用相同的方法，作出邊長度為1/4的正三角形。把在它們上方的邊視為從A到C的折線，長度為2。反覆進行相同的步驟，作出越來越小的正三角形，但折線的長度會始終保持為2。

　　但是，如果把這個操作進行無限次，則最後折線為越來越趨近於直線AC（右頁下方左圖），因為折線的長度為2，而邊AC的長度為1，所以結果就變成「2＝1」。究竟是哪裡出了問題呢？

　　這是「反覆進行無限次操作，折線會變成直線」的理論出了錯誤的疑似悖論。把三角形無限次細分，乍看之下，折線似乎越來越趨近於直線。但事實上，折線就是折線，永遠不會和直線一致。　　🪐

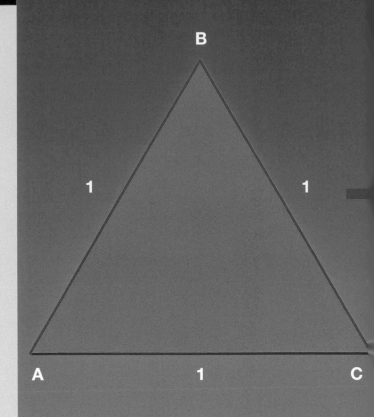

利用正三角形獲致「2＝1」的「證明」
如圖示，把正三角形無限細分下去。乍看之下，折線似乎越來越趨近於直線。但事實上，折線和直線不會一致。

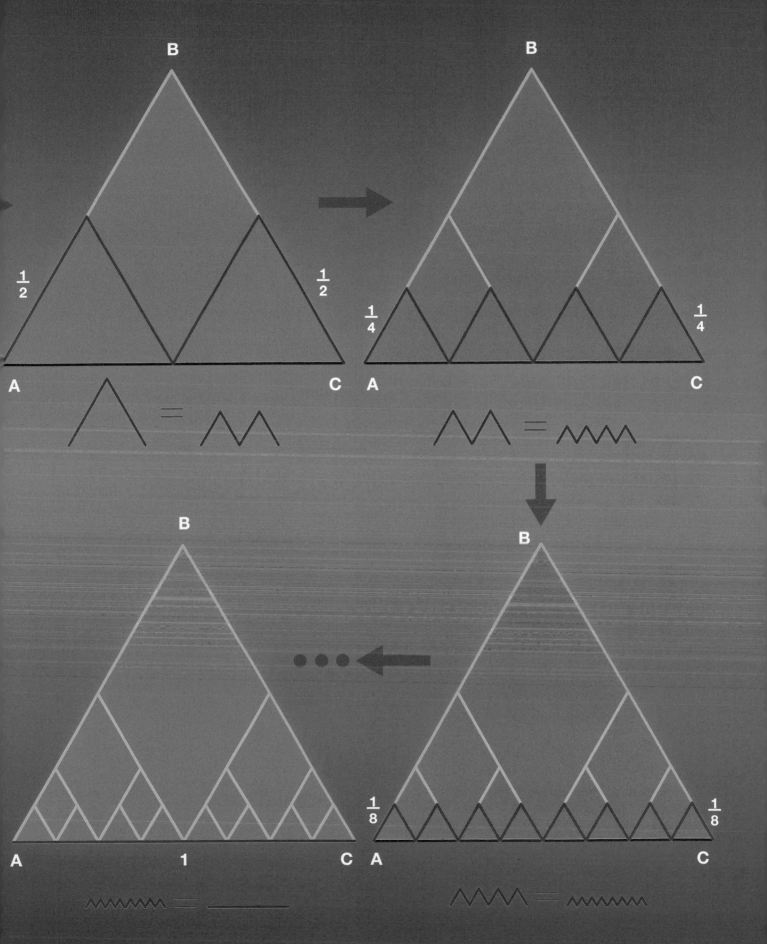

飛毛腿阿基里斯永遠追不上烏龜!?

　　西元前4世紀的古希臘哲學家亞里士多德（Aristotle，前384～前322）在《物理學》（Physica）中介紹了幾個悖論。這幾個悖論原本是由西元前5世紀的古希臘哲學家芝諾（Zeno of Elea，前490？～前430？）所提出，所以稱為「芝諾悖論」（Zeno's paradoxes）。

　　其中尤以「阿基里斯與烏龜悖論」（Achilles and the tortoise paradox）最為著名，內容是希臘神話中的英雄飛毛腿阿基里斯永遠追不上在他前方緩慢爬行的烏龜。

　　在阿基里斯前方100公尺處有一隻烏龜。為了簡化起見，假設阿基里斯的速度是10秒跑100公尺（秒速10公尺），而烏龜向前爬行的速度是秒速1公尺。

　　以阿基里斯的腳程，10秒後就能抵達烏龜出發的地點。但是，在這10秒內，烏龜會向前爬行10公尺。因此，當10秒後，阿基里斯抵達烏龜原先所在的100公尺處時，烏龜又爬到了阿基里斯前方10公尺處。

　　接著，阿基里斯花1秒跑到前方10公尺處。但是，在這1秒的時間內，烏龜又再度向前爬了1公尺……。

　　像這樣，阿基里斯一直追趕，烏龜也一直爬行，不論阿基里斯跑到什麼時候，永遠也追不上烏龜。但是，飛毛腿阿基里斯追不上慢吞吞的烏龜，這根本就說不通。究竟是哪裡出了問題呢？

　　事實上，計算一下就知道，阿基里斯追上烏龜的時間並非無限大。阿基里斯奔跑的時間為10＋1＋0.1＋0.01＋…＝11.11…（秒），會趨近於一個特定的數值（這稱為「收歛」）。也就是說，阿基里斯花11秒再多一點點的時間，就能追上烏龜。這個疑似悖論的根源在於：誤以為把無限個數相加的總和必定是無限大。

什麼是「阿基里斯與烏龜悖論」？

起跑時

阿基里斯

0公尺處

10秒後

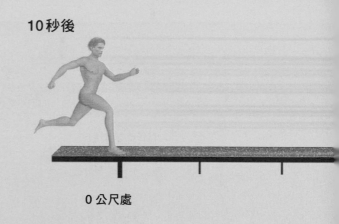

0公尺處

11秒後

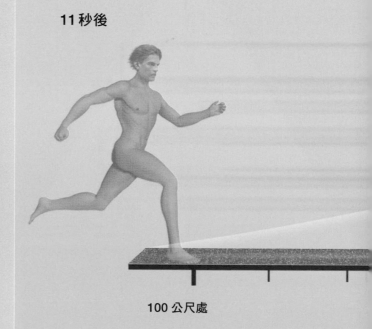

100公尺處

阿基里斯開始追趕在他前方100公尺處向前爬行的烏龜。阿基里斯的速度是10秒跑100公尺，烏龜是10秒爬10公尺。

烏龜

100 公尺處

在起跑10秒後，阿基里斯抵達烏龜原先所在的100公尺處。這個時候，烏龜爬行了10公尺，抵達110公尺處。

100 公尺處

110 公尺處

再經過1秒後，阿基里斯抵達烏龜剛才所在的110公尺處。但是，烏龜又爬行了1公尺。像這樣，阿基里斯是不是永遠追不上烏龜？

110 公尺處

111 公尺處

剩餘距離絕對不會變成零？

　　接下來，介紹另一個「芝諾悖論」，這個悖論可以說是把前一頁悖論的內容改換成另一個例子，成為如下所述永遠無法抵達目的地的「二分法悖論」（dichotomy paradox）。

　　有個人欲前往某地，他在出發之後抵達該目的地之前，必須先通過起點與目的地的中途點。通過該中途地點之後，繼續前往目的地，又必須通過這個中途點與目的地之間的中途點。通過後繼續前往目的地，又必須通過下一個中途點……。

　　依照這樣的思考，雖然與目的地的距離會無限地趨近於「零」，但也會有無限個不同的中途點必須通過。因此，芝諾提出「無限的點全部通過將需要無限的時間，所以永遠無法抵達目的地」[※]。

　　當然，實際上必定能夠抵達目的地。只要稍加計算即可明白，$\frac{1}{2} + \frac{1}{4} + \frac{1}{8} + \frac{1}{16} + \cdots = 1$，會收斂於1。

※：這個悖論的另一個版本是：要抵達目的地，必須先抵達起點與目的地之間的中途點。而在抵達這個中途點之前，必須先抵達起點與這個中途點之間的中途點，……。像這樣，由於必須先通過無限個不同的中途點，所以永遠無法抵達目的地。

剩下的距離趨近於「零」，但無法抵達目的地？

抵達目的地之前，必須先通過起點與目的地之間的中途點（第1個中途點），接著必須通過第1個中途點與目的地之間的中途點（第2個中途點）。插圖所示為通過無限個中途點的示意圖。各個中途點之間的區段以不同顏色交互區隔，並分別畫出人物。剩下的距離無限地趨近於零，但絕對不會變成零，因此有無限個中途點。芝諾主張，「不可能通過無限個中途點，所以無法抵達目的地」。這個悖論的原因在於：誤以為無限的加法會得到無限大的結果（詳見前頁）。

目的地（終點）

第1個中途點

第2個中途點　第3個中途點　第4個中途點

第5個中途點

放大

放大

剩下的距離無限地趨近
於「零」，但絕對不會
變成「零」。

149

飛箭其實靜止不飛!?

再介紹另一個芝諾悖論,稱為「飛箭悖論」
(arrow paradox)。

「飛行中的箭在任何瞬間都是靜止的。不論集
合多少支靜止的箭,都不會成為飛箭。」

芝諾藉此否定了箭在飛行這個運動的本身。當

然,在現實當中,箭必定是會飛的,所以這句話
顯然有問題。那麼,這句話究竟是哪個地方出了
問題呢?

想像一下,用相機拍攝一支飛行中的箭。相機
拍到的相片,看起來如同截取一個瞬間的場景。

亞里斯多德(前384~前322)
西元前 4 世紀的古希臘哲學家。柏拉圖
的弟子,並因擔任亞歷山大大帝(前
356~前323)的家庭教師而聞名。除了
《物理學》之外,也留下了《形而上學》
(Metaphysica)、《政治學》(Politica)等
著作。前面介紹的芝諾悖論,是亞里斯多德
在《物理學》中提到的。

但是，如果把相機快門的速度放慢，就會呈現出運動中抖動的箭。也就是說，這張相片所截取的「瞬間」，具有些許的時間寬度。觀看這張相片，我們就能實際感受到箭在運動吧！

那麼，現在假設把相機快門的速度加快，設法拍攝箭沒有在抖動的相片。在這樣的相片中，確實，箭看起來是靜止不動的。但是，這張相片只是比快門慢的相片拍得更清晰一些而已，本質上並沒有任何改變。無論把相機快門的速度加到多快，快門都不可能在打開的瞬間同時關上。亦即，這個「瞬間」必定具有時間的寬度。

當今的標準物理學，把時間（空間也是）視為能夠隨意細密分割的東西，亦即「連續」的東西。但無論分割得多細，時間的寬度都不會變成零。不會變成零，就表示在這段時間內，箭是在運動中。

飛行中的箭

在各個瞬間靜止的箭

飛行中的箭靜止不飛？

「飛行中的箭在任何瞬間都是靜止的。不論集合多少支靜止的箭，應該都不會成為飛箭。因此，箭無法飛行。」這個「飛箭悖論」也是「芝諾悖論」的著名問題之一。

151

「全體」和「部分」的「個數」相同!?

　　「全體」和「部分」，哪一個比較大呢？當然是全體。部分只是全體的一個要素而已，所以當然是全體比較大。

　　在這裡，我們來思考一下，「自然數」和「偶數」的關係吧！偶數在自然數中每隔一個出現一個，因此可以說是自然數的一部分。例如，1～10的自然數中，含有5個偶數。10個自然數對5個偶數，由此可知，全體的個數比部分的個數還要多。

　　那麼，我們把自然數和偶數由小至大做1對1的對應看看。自然數1對偶數2、自然數2對偶數4、自然數3對偶數6……依此類推。這個操作是不是能夠一直持續下去呢？

　　自然數和偶數都是無限延續的數。所以這個操作也能無限持續下去。因此，自然數和偶數的個數可以說是「相同」。自然數是全體，偶數只是它的一部分，兩者的個數竟然相同，怎麼會得到這個奇怪的結論？

　　「全體大於部分」這個想當然耳的概念並不適用於無限集合，據說最早提出這一點的人是義大利的伽利略（Galileo Galilei，156～1642）。因此這個悖論就稱為「伽利略悖論」（Galileo's paradox）。他在《新科學對話》（Dialogues Concerning Two New Sciences）中提到，把自然數與其部分集合平方數做1對1的對應，自然數與平方數的個數會相等。

　　後來，德國數學家康托（Georg Cantor，1845～1918）提出了「無限集合也有濃度」的新概念。例如，自然數和偶數的集合，雖然數不盡，但畢竟能夠像剛才那樣，做1對1的對應而逐一點數。但是，以一條線段中的點來說，無論在這條線段中截取多小的區間，其中都有無限個大小為0的點存在，所以不可能逐一點數。

　　也就是說，雖然都是無限，但卻可區分為能夠逐一點數的無限，和無法逐一點數的無限。康托因而主張，線段中的點集合，亦即「實數」的集合，「濃度比較高」。🪐

偶數與平方數都可和自然數成1對1的對應

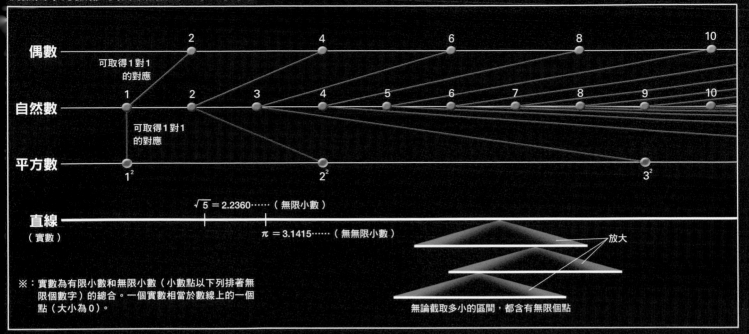

| 偶數 | | 2 | | 4 | | 6 | | 8 | | 10 |

可取得1對1
的對應

| 自然數 | 1 | 2 | 3 | 4 | 5 | 6 | 7 | 8 | 9 | 10 |

可取得1對1
的對應

| 平方數 | 1^2 | | 2^2 | | | | | | 3^2 | |

直線
（實數）

$\sqrt{5} = 2.2360\cdots\cdots$（無限小數）

$\pi = 3.1415\cdots\cdots$（無無限小數）

放大

無論截取多小的區間，都含有無限個點

※：實數為有限小數和無限小數（小數點以下列排著無
限個數字）的總合。一個實數相當於數線上的一個
點（大小為0）。

無限階梯

無限的示意圖。圖中人物無論走下
多少個階梯，都無法抵達終點。這
是關於無限的著名錯覺畫。

已客滿的無限旅館還能再接受客人投宿

德國數學家希爾伯特（David Hilbert，1862～1943）構思了一間擁有無限個客房的「無限旅館」，從而提出了一個奇妙的旅館悖論，稱為「希爾伯特旅館悖論」（Hilbert's paradox of the Grand Hotel）。

有一天，無限旅館因有無限個客人入住而客滿，但又來了一個客人，由於沒有其他可投宿的旅館，必須入住此間無限旅館。

於是，旅館老闆採取了應對措施。他請所有入住的客人都搬移到客房號碼比自己客房號碼大一號的客房，也就是 1 號房的客人移到 2 號房，2 號房的客人移到 3 號房……，把無限個客人都搬移到另一間客房。結果，空出了 1 號房，讓新來的這位客人能夠入住（1）。

而這一天，又有無限個客人來到無限旅館，堅持要投宿。無限旅館已經住滿了無限個客

客滿的無限旅館來了一個客人

有無限個客房的無限旅館來了一個客人。但是，無限旅館已經有無限個客人入住，客滿了。還能再接受新來客人投宿嗎？

嗎？

人，還能再接受新來客入住嗎？

於是，旅館老闆請所有入住的客人都搬移到客房號碼為現住客房號碼2倍的客房，也就是1號房的客人移到2號房，2號房的客人移到4號房，3號房的客人移到6號房……，把已經入住的無限個客人都搬移到偶數號的客房。結果，空出了無限個單數號的客房，讓新來的無限個客人都能夠入住（2）。這個邏輯正確嗎？

事實上，這個故事在數學上是正確無誤的。這是無限因為具有此違反直覺之性質而產生的疑似悖論。在有限的世界中，例如，10以下偶數的個數（5個）當然比10以下的自然數個數（10個）少。但是，在無限的世界中，全部的偶數與全部的自然數成為1對1的對應，集合的大小相同。在無限的世界中，某個集合的部分集合和這個集合的全體可能會是同樣的大小，這真是非常奇妙的性質。

1. 客滿的無限旅館再多讓一個客人入住

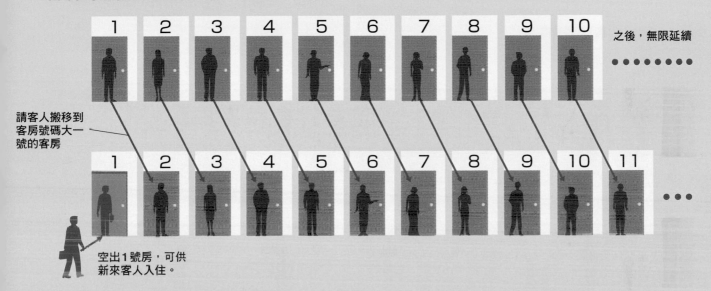

請客人搬移到客房號碼大一號的客房

空出1號房，可供新來客人入住。

2. 客滿的無限旅館再多讓無限個客人入住

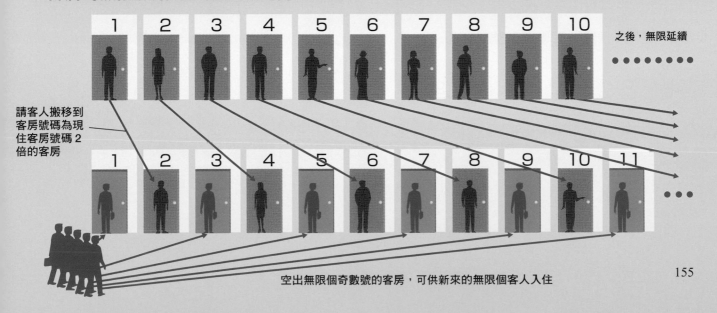

請客人搬移到客房號碼為現住客房號碼2倍的客房

空出無限個奇數號的客房，可供新來的無限個客人入住

無限旅館來了無限輛無限巴士

　　又有一天，無限旅館竟然來了無限輛「無限巴士」。無限巴士是能夠載送無限個客人的巴士，每輛無限巴士上都坐滿了無限個客人。

　　在前一頁，利用奇數和偶數這兩個無限，使客滿的無限旅館還能夠容納無限個新客人。把這個方法反覆施行無限次，也可以解決這次無限巴士的問題。可是，總不能讓已經入住的客人一再搬客房，而且這麼做好像永遠搬不完。

　　如果能夠讓已經入住的客人只須搬一次就解決這個問題，那該有多好！但是，要怎麼做呢？

　　方法之一，就是利用「質數」。所謂的質數，是指「比 1 大，能被 1 和本身除盡，但不能被 1 和本身以外的數除盡的數」。目前已經證明了，質數為 2、3、5、7、……，可無限地延續下去。

　　第一步，如同前頁的步驟 2，請已經入住的

客滿的無限旅館又來了無限輛載有無限個客人的無限巴士

步驟1.<空出奇數號客房>

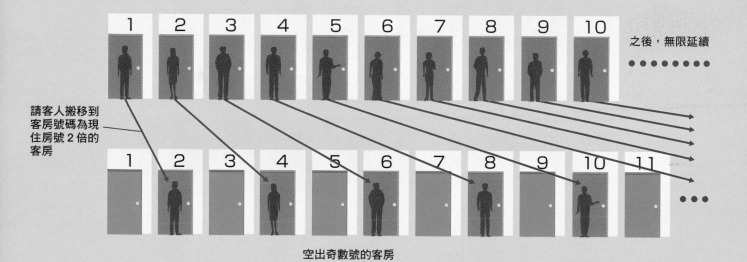

請客人搬移到客房號碼為現住房號 2 倍的客房

空出奇數號的客房

之後，無限延續

步驟2.<把第1輛巴士引導至 3^n 號的客房>

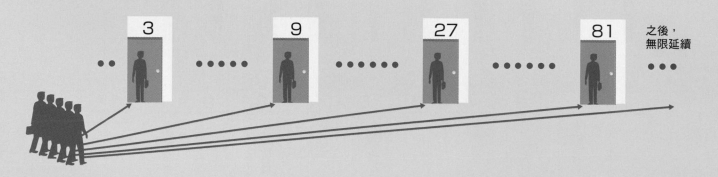

之後，無限延續

客人搬移到偶數號客房，空出奇數號客房。這麼一來，可以確保有無限個奇數號客房。

第二步，把第1輛無限巴士的無限個客人安排到 3^n（n＝1、2、3、……）號客房，亦即 3、9、27、81、……號客房。接著，把第2輛無限巴士的無限個客人安排到 5^n（n＝1、2、3、……）號客房，亦即 5、25、125、625、……號客房。接著，把第3輛無限巴士的無限個客人安排到 7^n（n＝1、2、3、……）號客房，亦即 7、49、343、2401、……號客房。依此類推，把第i輛無限巴士的無限個客人安排到 p^n（n＝1、2、3、……）號客房，亦即 p、p^2、p^3、p^4、……號客房。

像這樣，把抵達的無限巴士逐一按照質數由小到大的順序分配一個質數，再把車上的客人依序安排到該質數的 n 次方號客房即可。第1輛無限巴士編為第2個質數3，是因為第1個質數2為偶數，所以不能使用。因此，分配給第i輛無限巴士的質數 p 就會變成第（i＋1）個質數。　　　　　　　　　　　　🪐

步驟3.<把第2輛巴士引導至 5^n 號的客房>

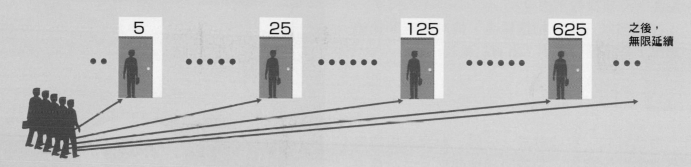

步驟4.<把第3輛巴士引導至 7^n 號的客房>

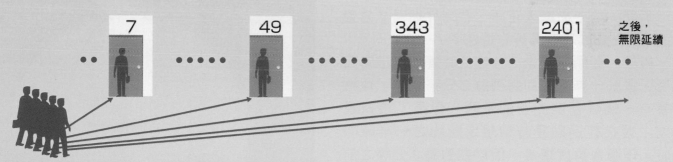

步驟i＋1.<把第i輛巴士引導至 P^n 號的客房>　※（ p ＝第 i＋1 個質數 ）

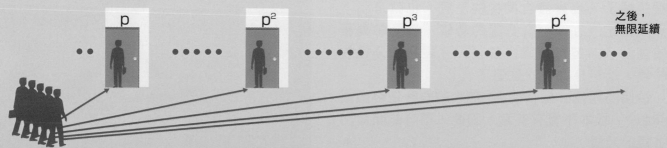

2分鐘後，燈是點亮著還是熄滅了？

接下來，要介紹由英國數學家湯姆生（James F. Thomson，1921～1984）所提出的「湯姆生的燈」（Thomson's lamp），這是一個與第146～147頁的「亞基里斯與烏龜」類似的思想實驗。

假設有一盞具備特殊設計的燈。把燈點亮，1分鐘後，燈會自動熄滅，熄滅30秒後會再度點亮，再度點亮15秒後會再度熄滅，熄滅7.5秒後會再點亮……。如此這般地，每次剛好經過前次點亮或熄滅的一半時間之後，燈會熄滅或點亮，反覆操作下去。

在這個狀況下，把燈點亮、熄滅的時間加總起來，會是幾分鐘呢？計算結果為：

$$1 + \frac{1}{2} + \frac{1}{4} + \frac{1}{8} + \frac{1}{16} + \cdots\cdots = 2$$

由此可知，會收斂於2分鐘。和亞基里斯與烏龜的狀況相同，把無限個加起來，並不會成為無限大，而在這個例子裡是收斂於2。

那麼，接下來進入正題。在剛好經過2分鐘的時候，燈是點亮著還是熄滅了？

假設，在剛好經過2分鐘的時候，燈是點亮著。這麼一來，在即將到達2分鐘之前，理應會有一個燈是點亮著的瞬間。但是，根據規則，燈在經過點亮時的規定時間之一半時間時，理應會再度熄滅，所以在到達2分鐘之前就會熄滅了。

另一方面，假設在剛好經過2分鐘的時候，燈是熄了，也會發生同樣的矛盾。也就是說，無法確定，在剛好2分鐘的時候，燈是點亮著或熄滅了。但可以確定的是，在經過2分鐘的時候，燈不是亮著就是熄了。

這個問題就好像在問：「最大的整數是奇數或偶數？」根本不會有答案。因此，不可能開發出這樣的裝置。 🪐

點亮

開始

亮著？ 熄了？

剛好經過2分鐘時

湯姆生的燈在點亮 1 分鐘後會自動熄滅，熄滅30秒後會再度點亮，點亮15秒後會熄滅，熄滅7.5秒後會點亮……。這個反覆亮滅的操作會收斂於 2 分鐘。那麼，在剛好經過 2 分鐘的時候，燈是亮著還是熄了？

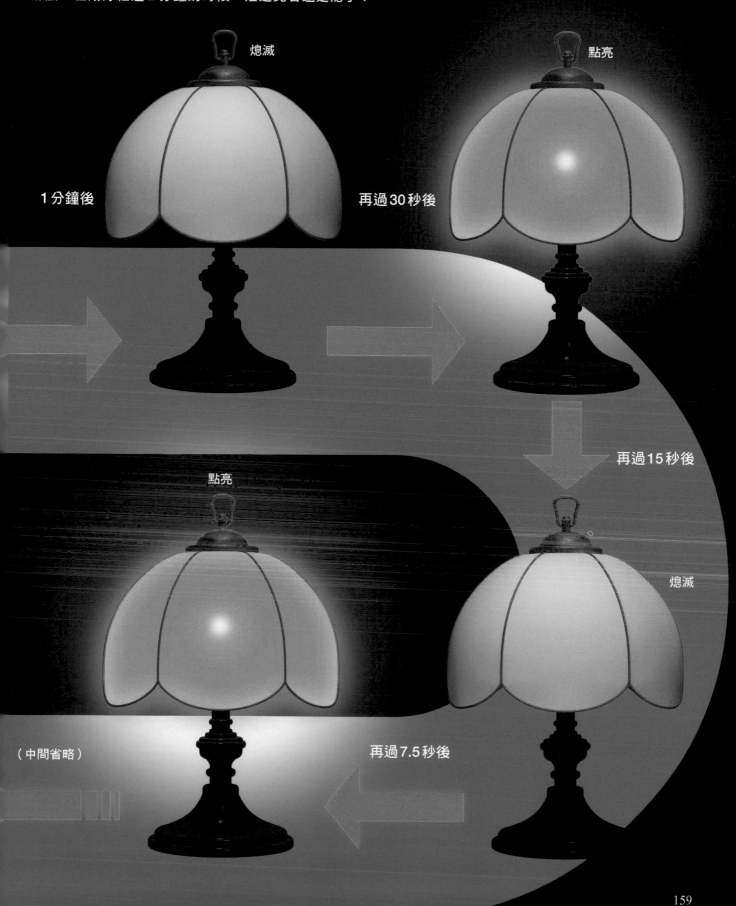

熄滅

點亮

1分鐘後

再過30秒後

再過15秒後

點亮

熄滅

（中間省略）

再過7.5秒後

【 人人伽利略系列 15 】

圖解悖論大百科
鍛練邏輯思考的50則悖論

作者／日本Newton Press
執行副總編輯／陳育仁
翻譯／黃經良
編輯／林庭安
發行人／周元白
出版者／人人出版股份有限公司
地址／231028 新北市新店區寶橋路235巷6弄6號7樓
電話／（02）2918-3366（代表號）
傳真／（02）2914-0000
網址／www.jjp.com.tw
郵政劃撥帳號／16402311 人人出版股份有限公司
製版印刷／長城製版印刷股份有限公司
電話／（02）2918-3366（代表號）
經銷商／聯合發行股份有限公司
電話／（02）2917-8022
香港經銷商／一代匯集
電話／（852）2783-8102
第一版第一刷／2020年8月
第一版第二刷／2022年6月
定價／新台幣380元
　　　港幣127元

國家圖書館出版品預行編目（CIP）資料

圖解悖論大百科：鍛練邏輯思考的50則悖論
日本Newton Press作；黃經良翻譯. -- 第一版. --
新北市：人人，2020.08
面；公分. —（人人伽利略系列；15）
譯自：絵でわかる パラドックス大百科 論理的思考
が鍛えられる50の逆説
ISBN 978-986-461-222-2（平裝）
1.邏輯 2.悖論

150　　　　　　　　　　　　　　　　　109009802

Staff

Editorial Management	木村直之
Editorial Staff	遠津早紀子

Photograph

100	Science Photo Library/アフロ
103	NASA's Goddard Space Flight Center Earth Observatory
105	NASA/JPL-Caltech

Illustration

Cover Design	デザイン室 宮川愛理（イラスト：Newton Press）
2	デザイン室 羽田野々花, 富﨑 NORI, Newton Press
3	Newton Press
5	Newton Press
6-7	富﨑 NORI
8～23	Newton Press
24-25	富﨑 NORI
26～27	Newton Press
28～31	デザイン室 吉増麻里子
33～41	Newton Press
42-43	富﨑 NORI
44-45	Newton Press
47	Newton Press
48-49	デザイン室 羽田野々花
51～53	Newton Press
54-55	デザイン室 羽田野々花

56-57	Newton Press
58-59	富﨑 NORI
60～67	Newton Presss
68-69	デザイン室 羽田野々花
71～73	Newton Press
74-75	デザイン室 吉増麻里子
76～79	Newton Press
80-81	富﨑 NORI・Newton Press
82～89	Newton Press
91～93	Newton Press
94～95	Newton Press, Newton Press（地図のデータ：Reto Stöckli, NASA Earth Observatory, 雲のデータ：NASA Goddard Space Flight Center Image by Reto Stöckli (land surface, shallow water, clouds). Enhancements by Robert Simmon (ocean color, compositing, 3D globes, animation). Data and technical support:

MODIS Land Group; MODIS Science Data Support
Team; MODIS Atmosphere Group; MODIS Ocean
Group Additional data: USGS EROS Data Center
(topography); USGS Terrestrial Remote Sensing
Flagstaff Field Center (Antarctica); Defense
Meteorological Satellite Program (city lights).）

96～105	Newton Press
106-107	小林 稔
108～115	Newton Press
117～133	Newton Press
134～137	荻野瑤海
138-139	Newton Press・荻野瑤海
140-141	Newton Press
143～157	Newton Press
158-159	富﨑 NORI
表4	Newton Press